Fingerfood

AUTORIN: MARGIT PROEBST | FOTOS: ULRIKE SCHMID, SABINE MADER

Praxistipps

Extra

Rezepte

Perfekte Häppchen leicht gemacht

Je frischer, desto besser

Warm oder kalt, belegt oder gefüllt – mit Brot lässt sich ruck, zuck viel Leckeres zaubern. Einige Aufstriche dafür können Sie schon am Vortag vorbereiten. Fertigstellen sollten Sie die Häppchen aber so spät wie möglich. Müssen sie bis zum Verzehr doch ein paar Stunden unter der Folienhaube auf ihren Einsatz warten, wählen Sie fetthaltige Aufstriche. Sie sorgen dafür, dass das Brot darunter nicht so schnell durchweicht. Canapés mit leichten Cremes und »feuchten« Belägen bereiten Sie am besten kurz vor dem Servieren zu.

Auf ein Gläschen

Verschmierte Schüsseln auf dem geleerten Büfett waren gestern! Heute servieren Sie Salate, Cremes und Desserts gleich fix und fertig portioniert und hübsch garniert in kleinen Gläsern.

Cremes und Desserts können Sie schon frühzeitig in die Gläschen füllen. Salate mit Mayonnaise oder Crème fraîche ebenfalls. Wenn sie gekühlt werden müssen, decken Sie die gefüllten Gläschen einfach gut ab, dann haben Kühlschrankgerüche keine Chance. Salate mit Vinaigrette fallen leider schnell zusammen: Füllen Sie deshalb nur die Hauptzutaten gleich ein. Das Dressing träufeln Sie erst kurz vorher drüber.

Um Suppen kleckerfrei in Tassen oder Gläschen zu füllen, verwenden Sie keine Schöpfkelle, sondern einen Messbecher oder eine Kanne mit Schnabel.

Kräuter-Deko

Dillzweiglein, Koriander-, Petersilien- und Rucolablättchen machen bei Wärme schnell schlapp. Lassen Sie die Dekoration deshalb erst mal weg. Wickeln Sie die Kräuter zunächst in feuchtes Küchenpapier und legen Sie die vorbereiteten Zweiglein und Blättchen in das Gemüsefach des Kühlschranks. Garnieren Sie Ihre Snacks damit kurz bevor die Gäste kommen, dann sieht alles taufrisch und richtig appetitlich aus.

Perfekt präsentiert

Arrangieren Sie jeweils nur eine, höchstens zwei Sorten Fingerfood auf einer Platte; wenn Sie mischen, dann nur Fisch mit Fisch, Käse mit Käse oder Fleisch mit Fleisch. Die Häppchen dürfen sich gerne ein wenig überlappen: Beginnen Sie an der Außenseite der Platte und ordnen Sie dabei die Häppchen dachziegelartig nach innen an. Gebackenes muss davor vollständig abgekühlt sein (bis zur Büfetteröffnung dann einfach ein sauberes Küchentuch lose darüberlegen).

Aus Gläschen und Tassen Für den französischen Fingerfood-Import »Verrines« (in Gläschen abgefüllte Miniportionen der unterschiedlichsten Köstlichkeiten) benötigen Sie viele kleine Gläser mit 100 oder 120 ml Inhalt. Sehen Sie sich nicht nur in Haushaltswarenläden um, sondern auch in Einrichtungshäusern: Oft bekommt man sie dort für Cent-Beträge als Teelicht-Behälter. Für Suppen sind auch bunte Espresso- oder Cappuccino-Tassen mit 120 ml Füllmenge perfekt.

Aus Gläschen und Tassen

Gut in Form

Gut in Form Für die gebackenen Snacks in diesem Buch brauchen Sie verschiedene Formen: Für Minimuffins und kleine Torteletts nehmen Sie eine Mini-Muffins-Form mit 12 oder 24 Vertiefungen (à 4,5 cm ∅). Für etwas größere Teilchen eignen sich Mini-Quiches-Formen mit 12 flachen Vertiefungen (à 7 cm ∅) oder einzelne Tortelettförmchen mit gezacktem Rand (ca. 10 cm ∅). Alle finden Sie in gut sortierten Haushaltswarengeschäften.

Ausstechformen

Ausstechformen Ob Fische, Sternchen oder Kreise – mit Ausstechformen aus Metall bringen Sie das Brot für Canapés, dekoratives Blätterteig- und Mürbeteiggebäck oder einfach hübsches Beiwerk für Suppen und Salate schnell in die perfekte Form. Diese gibt es nicht nur zur Weihnachtszeit im Haushaltswarengeschäft.

Dekorative Schälchen für Cremes und Salate

In essbare Schälchen gefüllt, sieht Fingerfood zum Anbeißen schön aus – das Auge isst schließlich mit!

Cocktailtomaten Zum Aushöhlen erst die Kappe mit dem Stielansatz abschneiden (eventuell aufheben und als Deckel auf die gefüllten Tomaten setzen). Dann die Kerne herauskratzen: Das geht am besten mit einem Kugelausstecher oder einem Teelöffelstiel. Die Tomaten leicht salzen und mit der Öffnung nach unten auf Küchenpapier abtropfen lassen. Damit die Tomaten Stand bekommen, unten eine kleine Kappe abschneiden und die Tomaten auf einem Bett aus Salat oder Kräutern anrichten.

Gurkenschälchen eignen sich zum Füllen mit Käsecremes oder Fischsalaten. Die Salatgurke waschen, abtrocknen und die Schale ganz oder in Streifen abschälen. Oder mit einem Zestenreißer oder Messer Muster einkerben. Dann die Gurke in ca. 3 cm dicke Scheiben schneiden, diese oben mit einem Kugelausstecher oder Teelöffel aushöhlen. So spät wie möglich vorbereiten und füllen, damit die Schnittstellen saftig und frisch aussehen.

Salatblätter Die Blätter von Chicorée, Trevisano und Radicchio, aber auch die inneren kleinen Blätter vom Kopfsalat haben eine natürliche Einbuchtung, die sich gut mit Salaten oder Cremes füllen lässt. Die Blätter kurz vor dem Füllen waschen und sehr gut mit Küchenpapier trocken tupfen, damit die Füllung nicht verwässert. Salat mit Marinade vorher in einem Sieb abtropfen lassen und so spät wie möglich in die Blätter füllen.

Mürbeteig-Torteletts Für etwa 36 Stück 220 g Mehl mit ¼ TL Salz, 1 Prise Zucker, 1 Ei, 1 Eigelb und 100 g in kleine Würfel geschnittener Butter verkneten. In Folie wickeln und 1 Std. kalt stellen. Den Teig auf einer bemehlten Arbeitsfläche ausrollen und Kreise (ca. 6–7 cm Ø) ausstechen (eventuell mit einer Ausstechform mit gezacktem Rand). Die Teigkreise in die Vertiefungen einer Mini-Muffins-Form drücken und mehrfach mit einer Gabel einstechen. Die Form ca. 10 Min. ins Tiefkühlfach stellen. Den Ofen auf 200° vorheizen. Die Torteletts im Backofen (Mitte, Umluft 180°) in 10–12 Min. goldbraun und knusprig backen. Die Torteletts abkühlen lassen, bis sie lauwarm sind, dann aus der Form lösen und auf einem Kuchengitter vollständig abkühlen lassen. Eventuell bis zum Gebrauch in eine Blechdose geben. Wichtig: Wenn Sie den Teig in mehreren Portionen verarbeiten, eine Portion wieder in Folie wickeln und kalt stellen.

Filoteig-Becher Für etwa 24 Stück den Backofen auf 180° vorheizen. 2 EL Butter schmelzen lassen. Eine Mini-Muffins-Form mit 24 Vertiefungen mit etwas Butter einpinseln. 2 Blätter Filoteig mit der Küchenschere in 72 Quadrate (ca. 6 x 6 cm) schneiden. Jeweils 3 Blätter dünn mit Butter einpinseln und etwas versetzt in die Vertiefungen drücken. Im Ofen (Mitte, Umluft 160°) in 5–8 Min. goldbraun backen. In der Form abkühlen lassen.

So stellen Sie ein Fingerfood-Büfett zusammen

Wählen Sie die Snacks jeweils nach dem Anlass, der Jahreszeit und den Vorlieben Ihrer Gäste aus. Der richtige Mix macht's!

Der Anlass bestimmt, was Sie Ihren Gästen anbieten: Laden Sie in der Arbeit zum kleinen Umtrunk im Kollegenkreis ein, sind raffinierte Snacks prima. Allzu Aufwendiges und Kostspieliges kann übertrieben wirken. Zum DVD-Abend mit Freunden muss es ebenso wenig luxuriös sein. Bei der Cocktailparty zum runden Geburtstag oder beim rauschenden Silvesterfest aber darf Ihr Fingerfood-Büfett schon mit edleren Häppchen bestückt sein.

Die Jahreszeit ist ein weiteres Auswahlkriterium: Im Frühling und Sommer sind leichte Snacks perfekt. Man hat Lust auf knackige Salate und frische Kräuter. Im Herbst und Winter dürfen die Häppchen ein wenig gehaltvoller ausfallen, und in Ihrem Fingerfood-Angebot sollte mindestens ein wärmendes Süppchen sein.

Wer feiert mit? Davon hängen zum Beispiel die Mengen ab, die Sie vorbereiten müssen. Kinder und ältere Leute essen im Allgemeinen weniger als junge Männer. Sind Vegetarier in der Runde? Dann sollten Sie das berücksichtigen. Oder gibt es Gäste mit Allergien?

Vermeiden Sie die entsprechenden Zutaten in möglichst vielen Snacks.

Die richtigen Mengen Für einen zweistündigen Umtrunk nach der Arbeit rechnen Sie 5 Häppchen pro Person. Findet die Einladung zur Mittags- oder Abendessenszeit statt, sollten es 7–8 sein. Bei einem abendfüllenden Fest schließlich bieten Sie 10–12 Snacks pro Person an (inklusive Minisalat oder Suppe im Glas und kleinen Desserts).

Die Vorbereitungszeit sollten Sie natürlich auch bedenken. Wenn Sie nach der Arbeit nach Hause hetzen und 2 Std. später die Gäste klingeln, müssen Sie anders planen, als wenn Sie für die Vorbereitung den ganzen Tag Zeit haben. Die Zubereitungszeiten bei den Rezepten helfen Ihnen bei der Auswahl.

Das Budget ist auch ein Thema. Sie haben Lust zu feiern, es herrscht aber Ebbe in Ihrem Portemonnaie? Kein Problem! Sie finden im Buch jede Menge Rezepte mit preiswerten Zutaten. Die Getränke wünschen Sie sich von Ihren Gästen als Mitbringsel.

Der richtige Mix Insgesamt sollte Ihr Fingerfood-Büfett eine ausgewogene Mischung aus Snacks mit Fisch, Fleisch, Käse und Vegetarischem bieten. Und zum Abschluss darf natürlich auch was Süßes nicht fehlen!

Getränke – das passt zu Fingerfood

Prosecco, Bowle und Cocktails sind die Klassiker zu Fingerfood. Ob mit Alkohol oder ohne – da sollten Ihre Gäste wählen können.

Was biete ich zu trinken an?

Prosecco oder trockener Sekt, Bowlen und Cocktails sind die perfekten Begleiter zu feinem Fingerfood. Denken Sie aber dran, dass so mancher damit gar nichts anfangen kann und Wein vorzieht. Halten Sie also auch bei einer Cocktailparty in jedem Fall ein paar Flaschen Rot- und Weißwein bereit. Trinken viele Ihrer Gäste am liebsten Bier und planen Sie eine Auswahl deftiger Häppchen? Dann können Sie auch ein Fässchen Bier besorgen.

So viel brauchen Sie

Für einen kleinen, zweistündigen Umtrunk rechnen Sie pro Person 2 Gläser Sekt oder Prosecco (1 Flasche enthält 7 Gläser), alternativ jeweils 2 Gläser Bowle, Cocktails oder Wein. Halten Sie außerdem ½ Flasche Wasser und 1–2 Gläser Fruchtsaft (z. B. Orangensaft zum Mixen mit Sekt und Johannisbeer- und Apfelsaft für Schorle) bereit.

Erstreckt sich Ihr Fest über den ganzen Abend, rechnen Sie mit 1–2 Gläsern Sekt oder Bowle und 2–3 Cocktails oder 1 Flasche Wein und 1 Flasche Softdrinks (Wasser, Säfte) pro Gast. Das sind aber nur Richtwerte: Sind viele Frauen anwesend und viele Ihrer Gäste mit dem Auto da, wird meist weniger Alkohol getrunken, dafür mehr Softdrinks. Am besten decken Sie sich großzügig ein und vereinbaren eventuell mit Ihrem Getränkehändler, dass er volle Getränkekästen zurücknimmt.

Getränke richtig gekühlt

Servieren Sie Prosecco, Sekt und Weißwein immer gut gekühlt (mindestens 4 Std. vorher in den Kühlschrank legen). Auf dem Büfett leisten Kühlbehälter aus Plexiglas oder mit Eis gefüllte Sektkübel gute Dienste. Für Cocktails brauchen Sie außerdem jede Menge Eis. Denken Sie frühzeitig daran, genügend Eiswürfel einzufrieren oder Crushed Ice zu besorgen.

Wasser und Säfte dürfen während des Festes langsam Zimmertemperatur annehmen. Lauwarme Bowle schmeckt jedoch nicht. Die sollten Sie nur zu Beginn als Einsteiger anbieten und dann zu frisch gemixten Cocktails übergehen.

Im Kühlschrank ist nicht genügend Platz für alle Getränke? In der kalten Jahreszeit stellen Sie zum Kühlen alles auf den Balkon oder die Terrasse. Im Sommer kühlen Sie die Flaschen im Kühlschrank vor und legen sie dann in Isolierkisten aus Styropor. Während des Fests stecken Sie die Flaschen in eine mit Crushed Ice gefüllte Wanne.

Große Feste, viele Gäste

Bauen Sie die Bar und das Fingerfood-Büfett an entgegengesetzten Enden des Raumes auf. So gibt es weder hier noch dort Gedränge, und es kommt eine kommunikationsfördernde Bewegung in Ihre Festgesellschaft. Wie wäre es statt der Selbstbedienung außerdem mit einem Barmixer, der Ihre Gäste mit Cocktails versorgt? Wenn sich nicht im Freundeskreis jemand findet, so sehen Sie mal in den Gelben Seiten oder im Internet nach, da findet sich garantiert ein Cocktailservice in Ihrer Nähe.

Crostini, Canapés und Co.

Zum Aperitif, für die Stehparty im Büro oder für die lockere Runde am Abend zu Hause: Die kleinen Häppchen aus Brot sind ganz schnell gemacht, zudem preiswert und unendlich wandelbar. Mein aktueller Favorit? Die knusprigen Sardinen auf Tomaten-Bruschetta erinnern mich an Urlaub, Strand und Meer. Mehr davon!

Tomaten-Bruschetta mit Sardinen

4 reife Strauchtomaten (ca. 400 g)
12 frische Sardinen (ca. 250 g)
6 Scheiben altbackenes Ciabatta-Brot
2–3 EL Mehl
Salz
3 Knoblauchzehen
3 EL Olivenöl
Pfeffer
Öl zum Ausbacken

Für 12 Stück | ⏱ 30 Min. Zubereitung
Pro Stück ca. 105 kcal, 6 g EW, 5 g F, 9 g KH

1 Die Stielansätze der Tomaten entfernen. Die Tomaten kurz überbrühen, häuten, halbieren, mit einem Teelöffel entkernen und klein würfeln.

2 Den Backofen auf 200° vorheizen. Von den Sardinen die Köpfe mit einer Küchenschere abschneiden, den Bauch aufschneiden und die Eingeweide entfernen. Die Sardinen gründlich waschen und mit Küchenpapier trocken tupfen.

3 Die Brotscheiben halbieren, auf einem Blech im Ofen (Mitte, Umluft 180°) von jeder Seite 3–4 Min. rösten, bis sie knusprig und goldbraun sind.

4 Inzwischen Öl etwa 1 cm hoch in eine Pfanne geben und erhitzen. Die Sardinen im Mehl wenden, in die Pfanne geben und von jeder Seite in 1–2 Min. knusprig braun braten. Herausnehmen, auf Küchenpapier abtropfen lassen und leicht salzen.

5 Den Knoblauch schälen und längs halbieren. Die heißen Brote damit einreiben, auf eine vorgewärmte Platte legen und mit dem Olivenöl beträufeln. Die Tomaten daraufhäufen, salzen und pfeffern und je 1 knusprige Sardine darauflegen.

macht was her | gelingt leicht

Räucherlachs-Lollis

2 Scheiben Tramezzini-Brot (à ca. 50 g)
1 EL Meerrettichfrischkäse
½ TL Honig
½ TL mittelscharfer Senf | 3 Stängel Dill
150 g Räucherlachs in Scheiben
20 Partyspießchen

Für 20 Stück
🕙 10 Min. Zubereitung | 1 Std. Kühlen
Pro Stück ca. 40 kcal, 3 g EW, 2 g F, 3 g KH

1 Die Brotscheiben mit dem Nudelholz ausrollen und flach drücken. Meerrettichfrischkäse mit Honig und Senf verrühren und die Brote damit bestreichen.

2 Den Dill waschen und trocken schütteln. Die Spitzen grob hacken und auf dem Brot verteilen. Den Räucherlachs dicht an dicht darauflegen, das Brot von der Längsseite her aufrollen. Fest in Alufolie wickeln und ca. 1 Std. in den Kühlschrank legen.

3 Die Rolle zum Servieren mit einem scharfen Messer in ca. 2 cm breite Scheiben schneiden. Die Scheiben mit Spießchen zu Lollis aufspießen.

VORBEREITUNGS-TIPP
Damit es sich gut ausrollen lässt, muss das Brot frisch und weich sein. Wenn es bereits trocken ist, mit einer dünnen Schicht Frischkäsemischung bestreichen, ca. 5 Min. warten und dann ausrollen.

VARIANTE – ROASTBEEF-LOLLIS
Für 20 Stück: 1 EL neutralen Frischkäse mit 1 EL Mangochutney (Glas) verrühren und die Brote damit bestreichen. Ca. 120 g Roastbeef in Scheiben und 1 Handvoll Rucolablättchen daraufgeben und das Brot aufrollen.

preiswert

Mini-Tramezzini

1 Tomate
300 g Doppelrahmfrischkäse
2 TL Tomatenmark
2 EL Basilikumpesto (aus dem Glas)
Salz | Pfeffer
6 quadratische Scheiben Vollkornbrot
6 große Scheiben Toastbrot

Für 24 Stück | 🕙 20 Min. Zubereitung
Pro Stück ca. 80 kcal, 2 g EW, 4 g F, 9 g KH

1 Die Tomate waschen, quer halbieren, mit einem Teelöffel entkernen und in sehr kleine Würfelchen schneiden, dabei den Stielansatz entfernen. Die Würfelchen kurz auf Küchenpapier abtropfen lassen. Die Hälfte des Frischkäses mit Tomatenmark und Tomatenwürfelchen verrühren, die andere Hälfte mit Pesto. Beide Cremes salzen und pfeffern.

2 3 Scheiben Vollkornbrot mit Pestocreme bestreichen, mit den übrigen Vollkornbrotscheiben abdecken und etwas andrücken. 3 Toastscheiben mit Tomatencreme bestreichen, mit den übrigen Toastscheiben abdecken. Die Doppelbrote mit einem scharfen Messer jeweils diagonal teilen (beim Toast nach Belieben die Ränder abschneiden) und die Mini-Tramezzini im farblichen Wechsel anrichten.

VARIANTEN – EINFACH ODER EDEL
Noch schneller geht es mit fertigen Frischkäsesorten »Tomate« und »Basilikum« aus dem Kühlregal. Edler wird es, wenn Sie die Basilikumcreme mit 1 EL gerösteten Pinienkernen anreichern und das Tomatenmark in der Tomatencreme durch 4 fein gewürfelte getrocknete Tomaten (in Öl) ersetzen.

oben: Mini-Tramezzini | unten: Räucherlachs-Lollis

dekorativ & würzig

Garnelentürmchen

100 g Garnelen (in Salzlake)
200 g Frischkäse
1 TL Tandoori-Paste (aus dem Glas; Asienladen)
½ TL abgeriebene Schale von 1 Bio-Zitrone
Salz | 1 Handvoll kleine Rucolablätter
9 Scheiben Toastbrot
12 gegarte Gambas mit Schwanzflosse
12 Partyspießchen

Für 12 Stück | 🕐 20 Min. Zubereitung
Pro Stück ca. 90 kcal, 8 g EW, 2 g F, 9 g KH

1 Die Garnelen abtropfen lassen und fein hacken. Den Frischkäse mit der Tandoori-Paste und der Zitronenschale verrühren. Die gehackten Garnelen untermischen und mit wenig Salz abschmecken. Die Rucolablätter waschen und trocken schütteln, grobe Stiele abzupfen.

2 6 Toastscheiben mit Garnelencreme bestreichen und mit Rucolablättchen belegen. Je 2 bestrichene Toasts aufeinandersetzen und mit einer unbestrichenen Toastscheibe abdecken. Mit einem scharfen Messer entrinden und jeweils in 4 Quadrate schneiden, sodass 12 Türmchen entstehen. Die Gambas mit den Spießchen auf die Türmchen stecken.

VARIANTE – MIT FRUCHTIGER SCHÄRFE
Fruchtig scharf schmecken die Garnelentürmchen, wenn Sie statt neutralem Frischkäse und indischer Tandoori-Paste die Frischkäsemischung »Ananas« mit 1 gehäuften TL Currypulver und ½ TL abgeriebener Bio-Orangenschale verrühren.

frisch & deftig

Anchovistürmchen

3 Eier
1 Bund Dill
120 g Kräuterfrischkäse
Salz | Pfeffer
½ schlanke Salatgurke
1 Rolle Pumpernickeltaler (36 Stück)
12 Anchovis (in Öl; aus dem Glas)
12 große Kapern (aus dem Glas)
Eierschneider
12 Partyspießchen

Für 12 Stück | 🕐 40 Min. Zubereitung
Pro Stück ca. 90 kcal, 6 g EW, 3 g F, 8 g KH

1 Die Eier in 10–12 Min. hart kochen, kalt abschrecken, abkühlen lassen und pellen. Die Eier mit dem Eierschneider in runde Scheiben schneiden. Die 12 schönsten Scheiben aus der Mitte beiseitelegen, den Rest fein hacken.

2 Den Dill waschen und trocken schütteln, 1 EL Dillspitzen fein hacken, den Rest für die Deko beiseitelegen. Gehackte Eier und Dill unter den Kräuterfrischkäse rühren, dann mit Salz und Pfeffer würzig abschmecken. Die Salatgurke schälen, in 24 ca. 3 mm dicke Scheiben schneiden oder hobeln und mit Küchenpapier abtupfen.

3 Pumpernickeltaler dünn mit der Frischkäsecreme bestreichen und jeweils in der Reihenfolge Brot, Gurke, Brot, Ei, Brot, Gurke zu 12 Türmchen schichten. Die Anchovis abtropfen lassen, jeweils 1 Kaper darin einrollen, eventuell mit einem Spießchen auf die Türmchen stecken. Mit übrigem Dill garnieren.

links: Anchovistürmchen | rechts: Garnelentürmchen

Schinken-Canapés

6 Scheiben Sonnenblumenbrot | 40 g weiche Butter | schwarzer Pfeffer aus der Mühle | 12 dünne Scheiben roher Schinken (z. B. Schwarzwälder Schinken; ca. 120 g) | 12 Cornichons (aus dem Glas) | runde Ausstechform (6 cm ∅)

Für 12 Stück | ⏲ 15 Min. Zubereitung
Pro Stück ca. 130 kcal, 4 g EW, 7 g F, 12 g KH

1 Aus dem Brot 12 Kreise von 6 cm ∅ ausstechen. Die Brotkreise dünn mit Butter bestreichen und mit etwas schwarzem Pfeffer übermahlen.

2 Je 1 Schinkenscheibe zu einer Rosette drehen und auf die Brote setzen. Die Cornichons längs 3- bis 4-mal einschneiden, auffächern und die Schinken-Canapés damit garnieren.

SCHNEIDE-TIPP
Das Brot können Sie auch mit einem Messer in Quadrate schneiden oder – ganz rustikal – die Brotscheiben samt Rinde vierteln und so als Unterlage nehmen.

Roastbeef-Canapés

6 Scheiben helles Weizenbrot | 30 g weiche Butter | 1½ EL Feigensenf (siehe Tipp) | 12 Scheiben Roastbeef (ca. 150 g) | 3 frische Feigen | runde Ausstechform (6 cm ∅)

Für 12 Stück | ⏲ 15 Min. Zubereitung
Pro Stück ca. 80 kcal, 4 g EW, 3 g F, 10 g KH

1 Aus dem Brot 12 Kreise von 6 cm ∅ ausstechen. Die Butter mit dem Feigensenf verrühren und die Brotkreise damit bestreichen.

2 Die Roastbeefscheiben in Wellen darauf anrichten. Die Feigen waschen und in Längsspalten schneiden. Die Canapés damit garnieren.

EINKAUFS-TIPP
Feigensenf bekommen Sie in Feinkostläden und guten Supermärkten. Sie können ihn aber aus 1 EL Feigenmarmelade, ½ EL mittelscharfem Senf, 1 TL Zitronensaft und 1 Prise Pfeffer auch selber mischen.

macht was her

Gorgonzola-Canapés

80 g Walnusshälften | 5 Babybirnen (aus der Dose) | 1 Walnuss-Baguette (ca. 300 g; ergibt 20 Scheiben) | 200 g Sahne-Gorgonzola

Für 20 Stück | 30 Min. Zubereitung
Pro Stück ca. 100 kcal, 3 g EW, 4 g F, 13 g KH

1 Die 20 schönsten Walnusshälften aussuchen und für die Deko beiseitelegen, den Rest fein hacken. Die Babybirnen abtropfen lassen, vierteln und das Kerngehäuse herausschneiden. Die Viertel am dicken Teil längs einschneiden und auffächern.

2 Das Walnuss-Baguette in 20 Scheiben schneiden. Die gehackten Walnüsse unter den Gorgonzola mengen. Die Brotscheiben damit bestreichen und je mit 1 Walnusshälfte und 1 Birnenfächer garnieren.

VARIANTE – MIT TRAUBEN
Statt mit Babybirnenfächern können Sie die Canapés auch mit blauen Trauben garnieren.

würziger Snack

Ziegenkäse-Canapés

5–6 große Cocktailtomaten | 2 Rollen Ziegenweichkäse (z. B. Sainte Maure; à 150 g) | 1 Baguette (ca. 300 g; ergibt 20 Scheiben) | 50 g weiche Butter | ca. 1½ EL getrockneter Oregano

Für 20 Stück | 30 Min. Zubereitung
Pro Stück ca. 100 kcal, 4 g EW, 5 g F, 9 g KH

1 Die Tomaten waschen und mit einem scharfen Messer in 20 schöne Scheiben schneiden (Ansatzstücke und Kappen nicht verwenden) und auf Küchenpapier abtropfen lassen. Die Ziegenrollen in insgesamt 40 Scheiben schneiden.

2 Das Baguette (am besten mit einer Aufschnittmaschine) schräg in 20 Scheiben schneiden. Die Scheiben dünn mit Butter bestreichen. Auf jedes Canapé dachziegelartig zuerst 1 Ziegenkäse-, dann 1 Tomaten- und schließlich wieder 1 Ziegenkäsescheibe legen. Mit je 1 Prise Oregano bestreuen.

französisch inspiriert

Leber-Crostini mit Pfefferkirschen

Die warm servierten Häppchen mit würziger Leberfarce und feurigen Kirschen schmecken super zu einem Gläschen Sherry.

20 Kirschen (mit Stielen)
ca. 150 ml Sherry medium
10 schwarze Pfefferkörner
1 große rote Chilischote
2 Schalotten
400 g Geflügellebern
150 g Butter | Salz
20 Scheiben Baguette | ½ Bund Petersilie | Pfeffer

Für 20 Stück | ⊕ 40 Min. Zubereitung
Pro Stück ca. 130 kcal, 6 g EW, 7 g F, 9 g KH

1 Die Kirschen vorsichtig waschen (die Stiele sollen daran bleiben), in ein Töpfchen geben und mit dem Sherry bedecken. Die Pfefferkörner mit dem Messerrücken zerdrücken. Die Chilischote waschen, längs einritzen, beides dazugeben. Alles aufkochen und bei schwacher Hitze ca. 2 Min. köcheln lassen. Kirschen im Sud abkühlen, dann abtropfen lassen.

2 Die Schalotten schälen und fein hacken. Die Lebern klein schneiden, dabei Häutchen und Sehnen entfernen. 2 EL Butter in einer Pfanne schmelzen lassen, Schalotten und Lebern darin unter Rühren 3–4 Min. braten. 6 EL Kirschsud dazugeben und schmoren lassen, bis alle Flüssigkeit verdampft ist. Salzen und lauwarm abkühlen lassen.

3 Backofen auf 180° vorheizen. Baguettescheiben auf einem Backblech im Ofen (oben, Umluft 160°) von jeder Seite in 2–3 Min. rösten. Die Petersilie waschen und trocken schütteln, 20 kleine Blättchen beiseitelegen, die übrigen Blätter fein hacken.

4 Die Lebern im Mixer (oder in einem hohen Aufschlaggefäß mit dem Pürierstab) fein pürieren. Die übrige Butter untermixen, die gehackte Petersilie unterrühren und die Masse mit Salz und Pfeffer abschmecken. Die warmen Baguettescheiben mit der Lebercreme bestreichen, mit je 1 Pfefferkirsche und 1 Petersilienblättchen garnieren und sofort servieren.

AUSTAUSCH-TIPP
Die Kirschsaison ist vorbei? Dann garnieren Sie die Canapés mit je ½ TL Preiselbeeren aus dem Glas.

VARIANTE – PILZ-CROSTINI MIT PARMESAN
Für 20 Stück: 5 g getrocknete Steinpilze in einer Tasse mit warmem Wasser bedecken und 15 Min. einweichen lassen. Inzwischen 600 g braune Champignons putzen und in dünne Scheiben schneiden. 1 Schalotte und 2 Knoblauchzehen schälen und fein hacken. Eine große Pfanne erhitzen und 3 EL Olivenöl hineingeben. Schalotte, Knoblauch und Champignons darin bei starker Hitze 5–6 Min. braten, dabei gelegentlich umrühren. Die eingeweichten Pilze ausdrücken, sehr fein hacken und dazugeben. Alles 2–3 Min. braten, bis die Flüssigkeit verdampft ist. Mit Salz, Pfeffer und 1–2 TL frisch gepresstem Zitronensaft würzen. 20 Baguettescheiben wie oben beschrieben rösten. 2 Stängel Petersilie waschen und trocken schütteln, die Blätter fein schneiden. Die warmen Pilze aus der Pfanne nehmen, grob hacken und die Petersilie untermischen. Die Pilze auf die gerösteten Brotscheiben häufen und mit einem Sparschäler Späne von einem Stück Parmesan (ca. 50 g) darüberhobeln. Sofort warm servieren.

Schnitzel-Canapés mit Kapernäpfeln

Zitrone verleiht den Schnitzelchen eine angenehme Frische, Kapernäpfel steuern herbe Würze bei – eine tolle Kombination, die zum Renner auf Ihrer Party werden könnte!

300 g dünne Kalbsschnitzel | 2 Bio-Zitronen | 150 g Semmelbrösel | 5–6 EL Mehl | 2 Eier | 2 EL Milch | Salz | Pfeffer | 4–5 EL Butterschmalz | 20 eingelegte Kapernäpfel (aus dem Glas) | Zucker | 4 EL Mayonnaise | ca. ½ Kopf Novita-Salat | 1 Baguette (ca. 300 g; ergibt 20 Scheiben) | 20 Spießchen

Für 20 Stück | ⊚ 1 Std. Zubereitung
Pro Stück ca. 150 kcal, 6 g EW, 7 g F, 17 g KH

1 Die Schnitzel in 20 ca. 5 cm große Ecken schneiden. 1 Zitrone heiß waschen und abtrocknen, die Schale abreiben und den Saft auspressen. Beides mit dem Fleisch mischen und 10 Min. ziehen lassen.

2 Die Semmelbrösel und das Mehl jeweils auf einen Teller geben. Die Eier in einem tiefen Teller mit der Milch verquirlen. Die Schnitzelchen mit Küchenpapier trocken tupfen, salzen und pfeffern.

Erst im Mehl wenden, dann durch das verquirlte Ei ziehen und schließlich in den Bröseln wenden.

3 In einer Pfanne jeweils 1–2 EL Butterschmalz erhitzen. Die Schnitzelchen darin portionsweise bei mittlerer Hitze von jeder Seite in 2–3 Min. goldbraun braten. Herausheben, auf Küchenpapier abtropfen und abkühlen lassen. Die Kapernäpfel in einem Sieb abtropfen lassen.

4 Die übrige Zitrone heiß waschen und abtrocknen, die Schale abreiben und 1 TL Saft auspressen. Beides mit je 1 Prise Salz und Zucker unter die Mayonnaise rühren. Den Salat putzen, waschen, trocken schleudern und in Stücke zupfen.

5 Das Baguette schräg in 20 Scheiben schneiden. Die Scheiben dünn mit der Zitronen-Mayonnaise bestreichen, je mit 1 Salatblatt und 1 Schnitzelchen belegen und 1 Kapernapfel mit einem Spießchen daraufstecken.

Filet-Cranberry-Canapés

300 g Schweinefilet | Salz | 1 EL rote Pfeffer-körner | 2 EL neutrales Pflanzenöl | 1 EL getrock-nete Cranberrys | 2 EL Mayonnaise | ca. 150 g Baguette | 3 Stängel Zitronenmelisse

Für 12 Stück | ⊕ 35 Min. Zubereitung
Pro Stück ca. 90 kcal, 6 g EW, 4 g F, 8 g KH

1 Das Filet in 12 Scheiben (Medaillons) schneiden, flach drücken und salzen. Die roten Pfefferkörner im Mörser zerstoßen und darüberstreuen. Das Öl in einer Pfanne erhitzen, die Medaillons darin von jeder Seite 2 Min. braten. Herausnehmen, auf Küchenpapier abtropfen und abkühlen lassen.

2 Die Cranberrys fein hacken, mit 1 Prise Salz unter die Mayonnaise rühren. Das Baguette in 12 kleine Scheiben schneiden, mit Cranberry-Mayonnaise bestreichen. Je 1 Medaillon darauf-setzen. Die Zitronenmelisse waschen und trocken schütteln, 12 Blätter abzupfen und die Canapés mit den Blättchen garnieren.

Enten-Orangen-Canapés

1 großes Entenbrustfilet (ca. 350 g) | Salz | Cayennepfeffer | 40 g weiche Butter | 1 EL Oran-genmarmelade | Pfeffer | ca. 180 g Baguette | 12 Physalis | 12 Partyspießchen

Für 12 Stück | ⊕ 40 Min. Zubereitung
Pro Stück ca. 140 kcal, 6 g EW, 8 g F, 10 g KH

1 Die Entenbrust kalt abwaschen und trocken tup-fen, die Haut rautenförmig einschneiden. Rundher-um mit Salz und Cayennepfeffer würzen. Mit der Hautseite in die kalte Pfanne legen, erhitzen und bei mittlerer Hitze 7–8 Min. braten. Die Brust wen-den und weitere 6–7 Min. braten. Herausnehmen und abkühlen lassen.

2 Butter und Orangenmarmelade verrühren, mit Salz und Pfeffer abschmecken. Das Baguette in 12 Scheiben schneiden, mit Orangenbutter bestrei-chen. Die Entenbrust in dünne Scheiben schneiden und darauf anrichten. Die Papierhüllen der Physalis öffnen und mit Spießchen auf die Canapés stecken.

Zum Löffeln und Aufgabeln

Feine Suppen, kleine Salate und verführerische Desserts stehen in diesem Kapitel zur Auswahl. Gleich in Tassen und Gläschen abgefüllt und perfekt garniert machen sie so richtig was her. Wie zum Beispiel mein aktuelles Lieblingssüppchen mit würzigen Parmesan-Mandel-Chips – einfach und raffiniert zugleich.

Tomatensuppe mit Parmesan-Mandel-Chips

1 Zwiebel | 1 Knoblauchzehe
5 EL Olivenöl
425 g stückige Tomaten (aus der Dose)
1 EL Tomatenmark | 1 getrocknete Chilischote
400 ml Gemüsefond (aus dem Glas)
70 g Parmesan (am Stück)
2 EL Mandelstifte
½ Bund Basilikum
Salz | 1 Spritzer Zitronensaft | Pfeffer
Backpapier für das Backblech

Für 6 Tassen à 120 ml | ◎ 30 Min. Zubereitung
Pro Tasse ca. 160 kcal, 6 g EW, 14 g F, 3 g KH

1 Die Zwiebel und den Knoblauch schälen und fein hacken. 2 EL Olivenöl in einem hohen Topf erhitzen, Zwiebel und Knoblauch darin 1 Min. anbraten. Tomaten und Tomatenmark dazugeben, die Chilischote dazubröseln und 2 Min. mitbraten. Mit dem Fond ablöschen, aufkochen und zugedeckt bei schwacher Hitze 20 Min. kochen lassen.

2 Den Backofen auf 180° vorheizen. Das Backblech mit Backpapier auslegen. Den Parmesan fein reiben. Mandelstifte und Parmesan mischen und in 12 Häufchen auf das Blech geben, mit einem Löffel zu ca. 5 cm großen Talern ausstreichen. Im Backofen (Mitte, Umluft 160°) in 6 Min. goldbraun backen.

3 Das Basilikum waschen und trocken schütteln, die Blätter abzupfen und mit dem übrigen Olivenöl fein pürieren. Mit Salz und Zitronensaft würzen.

4 Die Suppe fein pürieren und mit Salz und Pfeffer abschmecken. In Tassen verteilen, mit Basilikumöl garnieren und die warmen Parmesan-Mandel-Chips dazu reichen.

vegetarisch

Rucola-Cappuccino

500 g mehligkochende Kartoffeln
800 ml Gemüsebrühe (Instant)
150 g Rucola
1 Knoblauchzehe
4 EL Olivenöl
2 EL frisch gepresster Zitronensaft
Salz | Pfeffer
200 ml Milch (1,5 % Fettgehalt)
frisch geriebene Muskatnuss

Für 10 Tassen à 120 ml | ⏱ 30 Min. Zubereitung
Pro Tasse ca. 80 kcal, 2 g EW, 4 g F, 8 g KH

1 Die Kartoffeln schälen und würfeln. In einen Topf geben und mit der Brühe bedecken, dann aufkochen und 15 Min. kochen lassen.

2 Inzwischen den Rucola waschen, verlesen und grobe Stiele entfernen. Den Knoblauch schälen. Rucola, Knoblauch, Olivenöl und Zitronensaft im Mixer (oder in einem hohen Aufschlaggefäß mit dem Pürierstab) fein pürieren. Mit Salz und Pfeffer würzig abschmecken.

3 Die Milch erhitzen und aufschäumen. Die Kartoffeln pürieren. Die Rucolapaste unterrühren und die Suppe vom Herd nehmen. Mit Salz und Pfeffer abschmecken. In Tassen füllen, den Milchschaum und je 1 Prise Muskat obendrauf geben.

TIPP

Lassen Sie die Suppe nicht mehr aufkochen, wenn die Rucolapaste eingerührt ist. Sie kann unangenehm bitter werden. Suppe und Rucolapaste am besten separat vorbereiten und erst kurz vor dem Servieren mischen.

macht was her

Selleriecreme mit Kaviar

1 kleiner Knollensellerie (ca. 600 g)
1 Bund Frühlingszwiebeln
1 Knoblauchzehe
2 EL neutrales Pflanzenöl | 1 EL Butter
100 ml trockener Weißwein (siehe Tipp)
800 ml Gemüsefond (aus dem Glas)
80 g Sahne
Salz | frisch geriebene Muskatnuss
50 g Forellenkaviar (aus dem Glas)

Für 10 Tassen à 120 ml | ⏱ 35 Min. Zubereitung
Pro Tasse ca. 80 kcal, 2 g EW, 6 g F, 2 g KH

1 Den Sellerie schälen und in Würfel schneiden. Die Frühlingszwiebeln putzen und waschen, den weißen Teil fein schneiden, den Rest beiseitelegen. Den Knoblauch schälen und fein hacken.

2 Öl und Butter in einem Topf erhitzen. Das Weiße der Frühlingszwiebeln, Knoblauch und Sellerie darin bei mittlerer Hitze 2–3 Min. andünsten. Mit Weißwein und Fond ablöschen, aufkochen und zugedeckt 15 Min. kochen lassen.

3 Die Sahne hinzufügen. Die Suppe fein pürieren, aufkochen und weitere 2–3 Min. kochen lassen. Mit Salz und Muskat würzen. Das Frühlingszwiebelgrün in feine Streifen schneiden. Die Suppe in Tassen oder Gläschen füllen, jeweils mit etwas Frühlingszwiebelgrün und ½ TL Forellenkaviar garnieren.

AUSTAUSCH-TIPP

Wenn Sie keinen Wein verwenden möchten, fügen Sie 2 EL frisch gepressten Zitronensaft hinzu. Das sorgt ebenfalls dafür, dass der Sellerie schön weiß bleibt.

links: Selleriecreme mit Kaviar | rechts: Rucola-Cappuccino

feines Herbstsüppchen

Kürbiscremesuppe mit Entenspießchen

Zugegeben, die Suppe und vor allem die leckeren kleinen Spießchen brauchen etwas Zeit. Die Komplimente Ihrer Gäste sind Ihnen dafür aber sicher!

Für die Suppe:
1 kleiner Hokkaido-Kürbis (ca. 750 g)
2 Schalotten | 1 Knoblauchzehe
2 säuerliche Äpfel (z. B. Boskop)
2 EL neutrales Pflanzenöl
3/4 l Gemüsebrühe (Instant) | 100 g Sahne
Salz | Pfeffer
frisch geriebene Muskatnuss
1–2 EL frisch gepresster Zitronensaft

Für die Spießchen:
2 Entenbrustfilets (à ca. 280 g)
1 gehäufter TL Fünf-Gewürz-Pulver
2 große säuerliche Äpfel (z. B. Boskop)
2 EL frisch gepresster Zitronensaft
2 EL neutrales Pflanzenöl | Salz
10 Holzspieße (ca. 12 cm)

Für 10 Gläser à 100 ml | ⏲ 50 Min. Zubereitung
Pro Glas ca. 250 kcal, 11 g EW, 17 g F, 12 g KH

1 Den Kürbis gründlich waschen und halbieren, dann die Kerne und Fasern mit einem Löffel herauskratzen. Die Hälften samt Schale würfeln. Schalotten und Knoblauch schälen und fein hacken. Die Äpfel schälen und ohne Kerngehäuse in Spalten schneiden.

2 Das Öl in einem Topf erhitzen. Schalotten und Knoblauch darin 1 Min. anbraten. Kürbis und Äpfel dazugeben und 2 Min. mitbraten. Mit Brühe ablöschen, aufkochen und zugedeckt bei mittlerer Hitze 20 Min. kochen lassen, bis der Kürbis ganz weich ist.

3 Holzspieße in kaltes Wasser legen. Entenbrustfilets häuten, kalt waschen und abtrocknen. Fleisch ca. 1 cm groß würfeln, mit dem Fünf-Gewürz-Pulver würzen. Die Äpfel schälen und ohne Kerngehäuse ebenfalls in ca. 1 cm große Würfel schneiden. Mit Zitronensaft beträufeln. Die Holzspieße abtrocknen. Entenfleisch und Apfelwürfel im Wechsel auf die Spieße stecken. Eine Grillpfanne erhitzen, mit dem Öl einpinseln. Die Entenspieße darin bei mittlerer Hitze von allen Seiten 3–4 Min. braten, dann salzen.

4 Die Sahne cremig aufschlagen. Die Suppe mit dem Pürierstab fein pürieren und mit Salz, Pfeffer, Muskat und Zitronensaft abschmecken. Zum Servieren in die Gläschen füllen, mit je 1 TL Sahne garnieren und jeweils 1 Entenspießchen darüberlegen.

VARIANTE – MÖHREN-MANDARINEN-SUPPE

800 g Möhren putzen, schälen und in Scheiben schneiden. Je 2 Schalotten und Knoblauchzehen schälen, fein hacken. Den Saft von 4 Mandarinen auspressen. 2 EL neutrales Pflanzenöl in einem Topf erhitzen. Schalotten, Knoblauch und 5 grüne Kardamomkapseln darin kurz anbraten. Möhren hinzufügen und 2 Min. mitbraten. Mit Mandarinensaft und 600 ml Gemüsebrühe (Instant) ablöschen, aufkochen und zugedeckt 20 Min. kochen lassen. Inzwischen 2 Lammrückenfilets (à ca. 220 g) in Streifen schneiden, mit je ½ TL gemahlenem Kreuzkümmel und Koriander würzen. Die Streifen auf 10 Spieße stecken, wie die Entenspieße braten. Die Suppe pürieren und mit Salz und Cayennepfeffer abschmecken. In Gläschen füllen und die Lammspießchen darüberlegen.

leichter Genuss

Zuckerschoten-Spargel-Salat

2 EL Mandelstifte
Mark von 1 Vanilleschote
3 EL Weißweinessig
4 EL frisch gepresster Orangensaft
2 TL helles Mandelmus (aus dem Glas; Bioladen)
Salz | Cayennepfeffer
4 EL Walnussöl (oder neutrales Pflanzenöl)
500 g sehr frischer weißer Spargel
200 g Zuckerschoten | Eiswürfel

Für 8 Gläser à 100 ml | ⊕ 40 Min. Zubereitung
Pro Glas ca. 90 kcal, 2 g EW, 7 g F, 3 g KH

1 Mandelstifte in einer Pfanne ohne Fett rösten, dann abkühlen lassen. Vanillemark, Essig, Orangensaft, Mandelmus und je 1 Prise Salz und Cayennepfeffer verrühren, das Öl unterschlagen.

2 Den Spargel schälen und die Enden abschneiden. Die Stangen bis ca. 3 cm unterhalb der Spitzen schräg in ca. 2 mm dünne Scheiben schneiden. Die Spargelspitzen längs halbieren. Mit dem Dressing vermischen und zugedeckt ziehen lassen.

3 Die Zuckerschoten waschen, die Enden abknipsen und die Schoten eventuell entfädeln. Reichlich Wasser in einem Topf aufkochen lassen, salzen und die Zuckerschoten darin in 5 Min. bissfest blanchieren. Herausnehmen und sofort in Eiswasser geben, damit sie ihre Farbe behalten. Die Zuckerschoten abtropfen lassen, unter den Spargel mischen und noch einmal abschmecken. In Gläschen füllen und mit den Mandelstiften bestreuen.

würzig-scharf

Kartoffel-Apfel-Salat mit Räucherforelle

600 g festkochende Kartoffeln
Salz
3 grüne Äpfel (z. B. Granny Smith)
3 EL frisch gepresster Zitronensaft
1 Stück frischer Meerrettich
je 2 EL Salatmayonnaise und Joghurt
250 g geräucherte Forellenfilets

Für 8 Gläser à 120 ml
⊕ 25 Min. Zubereitung | 1 Std. Kühlen
Pro Glas ca. 135 kcal, 9 g EW, 3 g F, 18 g KH

1 Die Kartoffeln schälen und in ca. 1 cm große Würfel schneiden. In einen Topf geben, mit Wasser bedecken, salzen, aufkochen lassen und in 10 Min. weich garen. In ein Sieb abgießen, abtropfen und lauwarm abkühlen lassen.

2 Inzwischen die Äpfel waschen und abtrocknen. 2 davon vom Kerngehäuse befreien und in ½ cm große Würfel schneiden. Sofort mit 2 EL Zitronensaft vermischen, damit sie nicht braun werden.

3 Den Meerrettich schälen und 1–2 EL feine Späne abraspeln. Mayonnaise, Joghurt, Meerrettich und
1 Prise Salz verrühren. Kartoffel- und Apfelwürfel untermengen. Die Forellenfilets längs halbieren und in ca. 2 cm große Stücke zerpflücken. Unter den Salat mischen und zugedeckt ca. 1 Std. im Kühlschrank ziehen lassen.

4 Den Salat in die Gläser füllen. Übrigen Apfel in 24 feine Spalten schneiden, mit übrigem Zitronensaft beträufeln. Salate mit je 3 Spalten garnieren.

oben: Zuckerschoten-Spargel-Salat | unten: Kartoffel-Apfel-Salat mit Räucherforelle

cremig-frisch

Avocado-Mousse mit Bündner Fleisch

2 Blatt weiße Gelatine
1 Bio-Limette
½ Bund Zitronenmelisse
2 reife Avocados (à ca. 200 g)
150 g Crème fraîche
Salz | Pfeffer | Zucker
100 g Bündner Fleisch

Für 6 Gläser à 120 ml
🕐 30 Min. Zubereitung | 2 Std. Kühlen
Pro Glas ca. 240 kcal, 7 g EW, 22 g F, 1 g KH

1 Die Gelatine in kaltem Wasser einweichen. Die Limette heiß waschen und abtrocknen, die Schale fein abreiben und den Saft auspressen. Die Zitronenmelisse waschen und trocken schütteln, die Blätter fein schneiden.

2 Die Avocados längs halbieren und die Kerne entfernen. Das Fruchtfleisch mit einem Löffel herauslösen und in ein hohes Aufschlaggefäß geben. Limettensaft und Limettenschale dazugeben und mit dem Pürierstab fein pürieren. Crème fraîche und je 1 kräftige Prise Salz, Pfeffer und Zucker dazugeben und weiterpürieren. Die Zitronenmelisse unterrühren.

3 Die Gelatine tropfnass in ein Töpfchen geben und bei schwacher Hitze auflösen. Mit dem Schneebesen zügig unter die Avocadomasse ziehen. Die Mousse in die Gläschen füllen und zugedeckt im Kühlschrank in ca. 2 Std. fest werden lassen.

4 Zum Servieren das Bündner Fleisch zu Rosetten drehen und die Avocado-Mousse damit garnieren.

orientalisch

Auberginensalat mit Sesam-Orangen-Creme

1 Aubergine (ca. 400 g) | Salz
2 Knoblauchzehen
150 g Crème fraîche
3 EL Tahina (Sesampaste aus dem Asienladen)
60 ml frisch gepresster Orangensaft
abgeriebene Schale von ½ Bio-Orange
Cayennepfeffer
2 reife Tomaten (ca. 200 g)
4 EL Olivenöl | 2 EL frisch gepresster Zitronensaft
1 TL gemahlener Kreuzkümmel

Für 6 Gläser à 100 ml | 🕐 45 Min. Zubereitung
Pro Glas ca. 210 kcal, 2 g EW, 20 g F, 5 g KH

1 Die Aubergine waschen und ca. 1 cm groß würfeln, salzen und in 20 Min. Wasser ziehen lassen.

2 Den Knoblauch schälen und fein hacken. Ein Viertel davon mit Crème fraîche, Tahina, Orangensaft, Orangenschale, je 1 Prise Salz und Cayennepfeffer fein pürieren. Die Creme beiseitestellen.

3 Die Tomaten waschen, halbieren, mit einem Teelöffel entkernen und fein würfeln, dabei die Stielansätze entfernen. 2 EL Olivenöl mit Zitronensaft und je 1 Prise Salz und Cayennepfeffer verquirlen, Tomatenwürfelchen unterrühren.

4 Die Auberginen ausdrücken, mit Küchenpapier trocken tupfen. Übriges Öl in einer Pfanne erhitzen, Aubergine und übrigen Knoblauch darin in 7–8 Min. goldbraun braten. Mit Kreuzkümmel und Cayennepfeffer würzen. Lauwarm abkühlen lassen, mit Tomaten mischen. In die Gläschen füllen, die Creme obendrauf geben.

provenzalisch inspiriert

Gegrillte Paprika mit Ziegenkäsecreme

Als knuspriges Extra backen Sie mit der übrigen Olivenpaste Tapenade-Blätterteig-Spiralen – Ihre Gäste werden staunen und genießen!

4 quadratische Scheiben TK-Blätterteig (ca. 180 g)

Für die Tapenade:

1 Knoblauchzehe | 2 Zweige Thymian

2 in Öl eingelegte Sardellenfilets

2 TL Kapern (in Lake) | 100 g schwarze Oliven
ohne Stein | 2 EL Olivenöl

Für Paprikaschoten und Käsecreme:

6 große rote Paprikaschoten (ca. 1,5 kg)

Salz | Pfeffer

2 EL frisch gepresster Zitronensaft | 2 EL Olivenöl

75 g Sahne | 150 g Ziegenfrischkäse

Außerdem:

Backpapier für die Backbleche

einige Thymianzweiglein für die Deko

Für 10 Gläser à 100 ml | ⊚ 1 Std. Zubereitung
Pro Glas ca. 210 kcal, 6 g EW, 16 g F, 10 g KH

1 Die Blätterteigscheiben nebeneinander auf einer Arbeitsfläche auftauen lassen. Für die Tapenade den Knoblauch schälen und grob hacken. Thymian waschen und trocken schütteln, die Blättchen abstreifen. Sardellenfilets und Kapern abtropfen lassen. Beides mit Knoblauch, Thymian, Oliven und dem Olivenöl im Mixer fein pürieren.

2 Backofen auf 220° vorheizen. Das Backblech mit Backpapier auslegen. Die Paprikaschoten waschen und im Ganzen drauflegen. Den Backofengrill zuschalten und die Schoten im Backofen (oben, Umluft 200°) in 10–12 Min. von allen Seiten grillen, bis die Haut schwarze Blasen bekommt (Bild 1).

3 Inzwischen ein weiteres Blech mit Backpapier auslegen. Zwei Blätterteigscheiben mit Tapenade bestreichen, die übrigen Scheiben drauflegen und etwas andrücken. Mit einem scharfen Messer in je 10 Streifen schneiden (Bild 2). Die Streifen spiralförmig verdrehen und mit etwas Abstand auf das Blech legen. Die Paprikaschoten herausnehmen. Die Temperatur auf 200° (ohne Grill) absenken und die Blätterteigspiralen im Backofen (Mitte, keine Umluft) 12–15 Min. backen.

4 Die Stiele aus den Paprikaschoten ziehen, die Kerne aus dem Inneren entfernen. Die Schoten häuten und in mundgerechte Streifen schneiden. Die Streifen salzen und pfeffern, mit Zitronensaft und Olivenöl beträufeln.

5 Zum Servieren die Sahne cremig aufschlagen. Den Ziegenfrischkäse glatt rühren, die Sahne unterziehen. Mit Salz und Pfeffer abschmecken. Paprikastreifen als erste Schicht in die Gläschen geben. Je 1 TL Tapenade draufgeben und Ziegenkäsecreme obendrauf setzen. Mit Thymianzweiglein dekorieren und mit dem Blätterteiggebäck servieren.

VORBEREITUNGS-TIPP

Paprikaschoten und Tapenade-Gebäck brauchen etwas Zeit. Sie können beides schon am Vortag vorbereiten. Die Paprikastreifen und übrige Tapenade zugedeckt kalt stellen, das Blätterteiggebäck in eine Blechdose geben. So müssen Sie am Festtag nur die Ziegenkäsecreme zubereiten, die Gläschen füllen und dekorieren.

1

2

3

sahniger Traum

Erdbeer-Ricotta-Creme

800 g reife Erdbeeren
2 EL Puderzucker
2 EL Orangenlikör (nach Belieben)
200 g Sahne | 250 g Ricotta
1 Vanilleschote
50 g Baisers (Fertigprodukt)

Für 10 Gläser à 100 ml | ⏱ 30 Min. Zubereitung
Pro Glas ca. 170 kcal, 4 g EW, 10 g F, 15 g KH

1 Die Erdbeeren vorsichtig waschen und auf Küchenpapier abtropfen lassen. 10 schöne Früchte für die Deko beiseitelegen. Die übrigen Erdbeeren putzen und je nach Größe halbieren oder vierteln und in eine Schüssel geben. Mit Puderzucker und nach Belieben mit Orangenlikör mischen.

2 Die Sahne steif schlagen. Den Ricotta in eine Schüssel geben. Die Vanilleschote längs aufschneiden, das Mark herauskratzen und dazugeben. Mit Ricotta verrühren. Die Sahne hinzufügen und unterheben. Die Baisers grob zerkrümeln und unter die Ricottasahne heben.

3 Die Hälfte der Erdbeermischung in die Gläschen füllen. Den Rest samt dem Saft fein pürieren. Die Ricottacreme auf den Erdbeeren verteilen und mit dem Erdbeerpüree beträufeln. Mit den übrigen Erdbeeren garnieren.

VARIANTEN
Das Dessert schmeckt mit frischen oder tiefgekühlten Himbeeren ebenso himmlisch. Statt Baisers können Sie Amarettini (italienisches Mandelgebäck), Schokoladen- oder Haselnusskekse in die Ricottasahne krümeln.

leicht & fruchtig

Nektarinen-Krokant-Creme

4 reife Nektarinen (ca. 1 kg)
4 EL frisch gepresster Limettensaft
4 EL Puderzucker | 2 Päckchen Vanillezucker
2 EL Sesamsamen
500 g Cremequark (0,1 % Fettgehalt)
200 g Vollmilchjoghurt | ½ TL Zimtpulver
Backpapier für das Arbeitsbrett

Für 10 Gläser à 100 ml
⏱ 40 Min. Zubereitung | 1 Std. Kühlen
Pro Glas ca. 120 kcal, 8 g EW, 2 g F, 19 g KH

1 Nektarinen in kochendem Wasser ca. 1 Min. ziehen lassen. Herausnehmen, kalt abschrecken und häuten. Die Früchte halbieren, entsteinen und mit Limettensaft und 1 EL Puderzucker pürieren.

2 Den übrigen Puderzucker mit 1 Päckchen Vanillezucker und den Sesamsamen in eine Pfanne geben und bei mittlerer Hitze zu goldgelbem Karamell schmelzen lassen. Ein Arbeitsbrett mit Backpapier belegen, die Sesamkaramellmasse daraufgießen, dünn ausstreichen und erkalten lassen.

3 Den Cremequark mit dem Joghurt, dem übrigen Vanillezucker und dem Zimtpulver verrühren. Ein Drittel Nektarinenpüree unterrühren. Die Creme im Wechsel mit dem übrigen Nektarinenpüree in die Gläschen schichten und zugedeckt ca. 1 Std. in den Kühlschrank stellen.

4 Kurz vor dem Servieren den Sesamkaramell in Stücke brechen oder zerbröseln und darüberstreuen.

SICHERHEITS-TIPP
Vorsicht, Karamell ist sehr heiß! Verbrennen Sie sich nicht daran, lecken Sie zum Beispiel nicht den Löffel ab!

ungewöhnlich

Ziegenfrischkäse-Flan mit Lavendelgelee

8 Eigelb | 3 EL Zucker
150 g Ziegenfrischkäse | 400 g Sahne
2 Vanilleschoten | 200 ml Weißwein
1 EL getrocknete Lavendelblüten (Bioladen)
2 Blatt weiße Gelatine
1 EL Lavendelhonig

Für 8 ofenfeste Gläser à 120 ml
⏱ 30 Min. Zubereitung
25 Min. Garen | 2 Std. Kühlen
Pro Glas ca. 330 kcal, 9 g EW, 26 g F, 10 g KH

1 Den Backofen auf 180° vorheizen. Eigelbe, Zucker, Ziegenfrischkäse und Sahne in den Mixer geben. Vanilleschoten längs aufschneiden, das Mark herauskratzen und dazugeben. Alles durchmixen.

2 Die Gläschen in eine ofenfeste Form stellen, die Sahnemischung einfüllen. Für das Wasserbad so viel heißes Wasser in die Form gießen, dass die Gläschen zu zwei Dritteln im Wasser stehen. Die Flans im Backofen (Mitte, keine Umluft) ca. 25 Min. stocken lassen. Herausnehmen, abkühlen lassen und zugedeckt mindestens 2 Std. kalt stellen.

3 Wein und Lavendelblüten in einem Topf erwärmen, aber nicht kochen lassen. Vom Herd nehmen und zugedeckt 20 Min. ziehen lassen. Die Gelatine in kaltem Wasser 10 Min. einweichen. Den Lavendelwein durch ein Sieb gießen (Blüten wegwerfen), wieder erwärmen und den Honig dazugeben. Gelatine ausdrücken und unter Rühren darin auflösen. Lauwarm abkühlen lassen und auf den Flans verteilen. Im Kühlschrank fest werden lassen.

weihnachtlich

Lebkuchen-Tiramisu mit Weißweinäpfeln

2 säuerliche Äpfel (z. B. Boskop)
150 ml Weißwein | 1 Stange Zimt
200 g Sahne | 1 TL Lebkuchengewürz
250 g Mascarpone | 2 EL Eierlikör
1 EL Puderzucker
10 Löffelbiskuits (ca. 60 g)
10 TL Calvados (nach Belieben)

Für 10 Gläser à 120 ml
⏱ 45 Min. Zubereitung | 1 Std. Kühlen
Pro Glas ca. 250 kcal, 2 g EW, 18 g F, 12 g KH

1 Die Äpfel schälen und ohne Kerngehäuse in Spalten schneiden. In einen Topf geben, mit Wein bedecken und die Zimtstange hinzufügen. Alles aufkochen und bei mittlerer Hitze 5 Min. kochen lassen. Vom Herd nehmen und abkühlen lassen.

2 Die Sahne mit dem Lebkuchengewürz in einem Topf erwärmen, aber nicht kochen lassen. Kurz abkühlen lassen, dann ca. 1 Std. kalt stellen.

3 Die Lebkuchensahne cremig aufschlagen. Mascarpone, Eierlikör und Puderzucker verrühren, die Lebkuchensahne unterheben.

4 Jeweils 1 TL Lebkuchencreme in die Gläser geben. Die Löffelbiskuits in Stücke brechen, daraufgeben und nach Belieben mit Calvados beträufeln. Die Weißweinäpfel mit etwas Flüssigkeit einschichten und die übrige Lebkuchencreme darauf verteilen.

VORBEREITUNGS-TIPP
Sie können das Dessert schon am Vortag zubereiten und zugedeckt in den Kühlschrank stellen.

Fein umhüllt und gefüllt

Mini-Quiches, Täschchen und Torteletts mit vielerlei Füllungen erwarten Sie auf den nächsten Seiten. Die Sesamfischchen mit Graved Lachs beispielsweise serviere ich gerne zu einem Glas Prosecco zum Auftakt eines Menüs. Und die Süßschnäbel unter Ihnen dürfen sich auf Vanille-Himbeer-Törtchen und süße Sandwiches freuen.

Sesamfische mit Graved Lachs

1 Rolle Blätterteig (aus der Kühltheke; ca. 250 g)
1 Eigelb | 2 EL Milch
ca. 2 EL Sesamsamen
80 g Sahne | 1 Bund Dill
150 g Meerrettichfrischkäse
1 EL frisch gepresster Zitronensaft
Salz | 1 Prise Zucker
400 g Graved Lachs (in Scheiben)
Backpapier für das Backblech
Fisch-Ausstechform (8–10 cm groß)
etwas Mehl zum Ausstechen

Für 20 Stück | ◎ 45 Min. Zubereitung
Pro Stück ca. 130 kcal, 6 g EW, 7 g F, 6 g KH

1 Den Backofen auf 200° vorheizen. Das Backblech mit Backpapier auslegen. Den Blätterteig auf einer Arbeitsfläche aufrollen. Die Ausstechform in Mehl tauchen, dann 20 Fische ausstechen und aufs Backblech legen. Eigelb und Milch verrühren, die Blätterteigfische damit einpinseln und mit Sesamsamen bestreuen. Im Backofen (Mitte, keine Umluft) 12 Min. backen. Herausnehmen und vollständig abkühlen lassen.

2 Sahne cremig aufschlagen. Den Dill waschen und trocken schütteln, 1 EL Dillspitzen fein hacken, den Rest beiseitelegen. Meerrettichfrischkäse mit Zitronensaft und gehacktem Dill verrühren, die Sahne unterheben und mit Salz und Zucker würzen.

3 Die Blätterteigfische mit einem spitzen Messer vorsichtig quer durchschneiden. Beide Hälften mit etwas Dillcreme bestreichen. Auf die unteren Hälften jeweils 1 kleine Scheibe Graved Lachs legen, mit einem Dillzweiglein garnieren und die oberen Hälften daraufsetzen.

kross & cremig

Gefüllte Mini-Torteletts

Einmal mit Fisch, einmal mit Schinken und einmal vegetarisch gefüllt – bei diesen Knusperhäppchen haben Sie bei der Füllung die freie Wahl!

Für die Mini-Torteletts:
220 g Mehl | ¼ TL Salz
1 Ei | 1 Eigelb | 100 g Butter
Für die Thunfischfüllung (1):
2 Dosen Thunfisch (in Öl; à 185 g Abtropfgewicht)
2 EL frisch gepresster Zitronensaft | 2 Tomaten
2 Frühlingszwiebeln | 2 Stängel Petersilie
3 EL Salatmayonnaise | Pfeffer
36 Petersilienblättchen für die Deko
Für die Ricotta-Schinken-Füllung (2):
150 g Serranoschinken (in 3 dicken Scheiben)
1 kleine gelbe Paprikaschote
75 g Rucola | 250 g Ricotta
Salz | Pfeffer
Für die Frischkäse-Dattel-Füllung (3):
100 g weiche Datteln
3–4 Orangen (davon 1 Bio-Orange)
400 g Frischkäse
½ TL gemahlener Kardamom
Salz | Cayennepfeffer
40 g ungesalzene Pistazienkerne

Für je 36 Stück | ⊚ 30–45 Min. Zubereitung
1 Std. Kühlen | 20 Min. Backen
Pro Stück (1) ca. 70 kcal, 2 g EW, 5 g F, 5 g KH
Pro Stück (2) ca. 65 kcal, 3 g EW, 4 g F, 5 g KH
Pro Stück (3) ca. 80 kcal, 3 g EW, 4 g F, 9 g KH

1 Nach der Anleitung auf Seite 7 aus den Teigzutaten für jede Füllung 36 Torteletts backen und vollständig abkühlen lassen.

2 Für Füllung 1 den Thunfisch in einem Sieb abtropfen lassen. Mit einer Gabel zerpflücken und mit Zitronensaft beträufeln. Tomaten waschen, halbieren, entkernen und fein würfeln, dabei die Stielansätze entfernen. Die Frühlingszwiebeln putzen, waschen und fein schneiden. Die Petersilie waschen und trocken schütteln, die Blätter fein schneiden. Alles mit Mayonnaise vermengen, mit Pfeffer abschmecken. 36 Torteletts damit füllen und mit Petersilienblättchen garnieren.

3 Für Füllung 2 den Schinken in feine Streifen schneiden. Die Paprikaschote putzen, waschen und in kleine Würfel schneiden. Rucola waschen und trocken schütteln, die Blätter abzupfen. 36 Blätter beiseitelegen, die restlichen Blätter hacken. Ricotta, Schinkenstreifen, Paprikawürfelchen und Rucola verrühren, salzen und pfeffern. 36 Torteletts damit füllen und mit Rucolablätter garnieren.

4 Für Füllung 3 die Datteln entsteinen und fein hacken. Die Bio-Orange heiß waschen und abtrocknen, die Schale fein abreiben. Die übrigen Orangen schälen, die weiße Haut mit entfernen. 36 Fruchtfilets über einer Schüssel zwischen den Trennhäutchen herausschneiden, dabei den Saft auffangen. Die Orangenfilets auf Küchenpapier abtropfen lassen. Datteln, Orangenschale und 3 EL Orangensaft unter den Frischkäse rühren, mit Kardamom, Salz und Cayennepfeffer würzen. Die Pistazienkerne hacken. 36 Torteletts damit füllen, mit Orangenfilets und Pistazien garnieren.

links: Ricotta-Schinken-Füllung | Mitte: Thunfischfüllung | rechts: Frischkäse-Dattel-Füllung

fruchtig & leicht

Gefüllte Filoteig-Becher

Ein angenehm leichter Salat in dekorativer Knusperhülle – dieser feine Snack macht nicht nur geschmacklich, sondern auch optisch was her!

Für die Filoteig-Becher:
4 Blätter Filoteig (griech. Produkt)
4 EL Butter
Für die Hähnchenfüllung:
1 Hähnchenbrustfilet (ca. 150 g)
Salz | ca. 1 TL rosenscharfes Paprikapulver
2 EL neutrales Pflanzenöl
½ reife Mango (ca. 200 g)
2 Frühlingszwiebeln
3 EL Crème fraîche
3 EL Mangochutney (aus dem Glas)
½ Bund Koriandergrün

Für 24 Stück | ⏱ 1 Std. 15 Min. Zubereitung
Pro Stück ca. 80 kcal, 2 g EW, 4 g F, 7 g KH

1 Nach der Anleitung auf Seite 7 aus dem Filoteig 24 Becher backen und vollständig abkühlen lassen.

2 Das Hähnchenfleisch kalt waschen, abtrocknen und längs in drei flache Streifen schneiden. Die Streifen salzen und mit Paprikapulver einreiben. Das Öl in einer Pfanne erhitzen und die Streifen darin bei mittlerer Hitze von jeder Seite 4–5 Min. braten. Herausnehmen und abkühlen lassen.

3 Die Mango schälen. Das Fruchtfleisch erst vom Stein, dann in feine Spalten schneiden. Die Frühlingszwiebeln putzen, waschen und schräg in Ringe schneiden. Hähnchenfleisch in Streifen schneiden.

4 Crème fraîche und Mangochutney verrühren. Hähnchenfleisch, Mango und Frühlingszwiebeln in

die Filoteig-Becher füllen und jeweils 1 TL Creme daraufgeben. Das Koriandergrün waschen und trocken schütteln, die Blätter abzupfen und je 1 Blatt darauflegen.

VARIANTE – MIT SCHINKEN UND SPARGEL
12 Stangen grünen Spargel (ca. 500 g) im unteren Drittel schälen, die trockenen Enden abschneiden. In kochendem Salzwasser in 7–8 Min. bissfest kochen. Herausnehmen, in Eiswasser abschrecken und abtropfen lassen. Die Spargelspitzen für die Deko abschneiden, die übrigen Stangen schräg in ca. 1 cm große Stücke schneiden. 120 g gekochten Schinken (vom Metzger in 2 dicke Scheiben schneiden lassen) in Würfel schneiden. 3 EL Salatmayonnaise mit ½ TL abgeriebener Schale von 1 Bio-Orange verrühren. Spargel und Schinken untermischen und mit Pfeffer würzen. In 24 Filoteig-Becher füllen und mit den halbierten Spargelspitzen garnieren.

VARIANTE – MIT CAMEMBERT UND PFLAUMEN
6 Pflaumen waschen, das Fruchtfleisch in feinen Spalten vom Stein schneiden. 200 g Camembert ca. ½ cm groß würfeln. 2 EL Quittengelee mit 1 TL Dijon-Senf und 2 EL Crème fraîche verrühren. Camembert und zwei Drittel der Pflaumenspalten untermengen. In 24 Filoteig-Becher füllen und mit den übrigen Pflaumenspalten garnieren. Nach Belieben mit Walnussstückchen garnieren.

SERVIER-TIPP
Damit die Filoteig-Becher nicht aufweichen, bereiten Sie jeweils alle Komponenten für die Füllung vor, füllen aber die Teigbecher erst kurz vor dem Servieren.

Klassiker auf neue Art

Knusperauberginen mit Joghurtdip

1 große Aubergine (ca. 400 g) | Salz
300 g Joghurt | 2 EL Olivenöl
1 Stück Salatgurke (ca. 5 cm)
1 Knoblauchzehe | Pfeffer
3 EL Kürbiskerne | 6 EL Semmelbrösel
3 EL frisch geriebener Parmesan
4 EL Mehl | 2 Eier
neutrales Pflanzenöl zum Ausbacken

Für 30 Stück | ⏱ 40 Min. Zubereitung
Pro Stück ca. 50 kcal, 2 g EW, 3 g F, 3 g KH

1 Die Aubergine waschen, aus der Mitte 15 große, ca. 1 cm dicke Scheiben schneiden. Diese halbieren, salzen und in 10 Min. Wasser ziehen lassen.

2 Inzwischen Joghurt und Olivenöl in eine Schüssel geben. Die Gurke waschen und ungeschält dazuraspeln. Den Knoblauch schälen und dazupressen. Alles verrühren und mit Salz und Pfeffer abschmecken.

3 Die Kürbiskerne grob hacken, mit Semmelbröseln und Parmesan auf einem Teller mischen. Das Mehl auf einen zweiten Teller geben. Die Eier mit 1 EL Wasser in einem tiefen Teller verquirlen. Die Auberginen ausdrücken und trocken tupfen.

4 Das Öl ca. 1 cm hoch in eine große Pfanne geben und erhitzen. Die Auberginenhalbmonde erst im Mehl wenden und den Überschuss abklopfen, dann durch das Ei ziehen und schließlich in der Kürbiskernmischung wälzen. Im heißen Öl von jeder Seite 3 Min. ausbacken. Auf Küchenpapier abtropfen lassen und mit dem Dip servieren.

scharf & würzig

Zucchiniröllchen mit Chilihähnchen

1 Bio-Zitrone
1 große grüne Chilischote
400 g Hähnchenbrustfilet
ca. 4 EL neutrales Pflanzenöl
1 TL Honig
3–4 Zucchini | Salz
20 Partyspießchen
Koriandergrün (nach Belieben)

Für 20 Stück | ⏱ 45 Min. Zubereitung
Pro Stück ca. 45 kcal, 5 g EW, 2 g F, 1 g KH

1 Die Zitrone heiß waschen, abtrocknen und die Schale abreiben. Die Chilischote längs halbieren, putzen, waschen und fein würfeln. Das Hähnchenfleisch kalt waschen, abtrocknen und in 20 ca. 4 cm lange, daumendicke Stücke schneiden. Das Fleisch mit Zitronenschale, Chiliwürfelchen, 1 EL Öl und dem Honig vermischen und 20 Min. ziehen lassen.

2 Inzwischen die Zucchini waschen und (am besten mit einer Aufschnittmaschine) in ca. 2 mm dünne Längsscheiben schneiden. Die Scheiben salzen und Wasser ziehen lassen.

3 Jeweils 1–2 EL Öl in einer Pfanne erhitzen, die Hähnchenstücke dazugeben und portionsweise in 3–4 Min. rundherum goldbraun braten. Salzen, herausnehmen und abkühlen lassen.

4 Die Zucchinischeiben mit Küchenpapier trocken tupfen. Jeweils 1 Hähnchenstück darin einrollen und mit einem Spießchen fixieren. Nach Belieben mit Korianderblättchen dekorieren.

links: Zucchiniröllchen mit Chilihähnchen | rechts: Knusperauberginen mit Joghurtdip

Cocktailtomaten mit Mozzarella

1 Schale Mini-Mozzarellakugeln (150 g) |
3 EL Bärlauch- oder Basilikumpesto (aus dem
Glas) | 1 TL abgeriebene Schale von 1 Bio-Zitrone |
Pfeffer aus der Mühle | 15 große Cocktailtomaten |
Salz | 1 Bund Rucola

Für 15 Stück | 🕙 30 Min. Zubereitung
Pro Stück ca. 40 kcal, 3 g EW, 3 g F, 1 g KH

1 Die Mozzarellakugeln abtropfen lassen und trocken tupfen. Das Pesto mit Zitronenschale und
reichlich Pfeffer verrühren. Die Mozzarellakugeln
dazugeben und gut mischen, bis alle umhüllt sind.

2 Die Tomaten wie auf Seite 6 beschrieben aushöhlen, leicht salzen und abtropfen lassen. Den
Rucola waschen und trocken schütteln, grobe Stiele
entfernen. Rucola in einer Form verteilen. Mozzarellakugeln in die Tomaten füllen und die Tomaten auf
dem Rucolabett anrichten.

Gurkenschälchen mit Räuchermakrele

1 Tomate | 1 Stange Staudensellerie | 2 geräu-
cherte Pfeffermakrelenfilets (ca. 200 g) | 3 EL
Mayonnaise | Salz | 2 schlanke Salatgurken |
½ Bund Petersilie

Für 15 Stück | 🕙 30 Min. Zubereitung
Pro Stück ca. 50 kcal, 3 g EW, 4 g F, 1 g KH

1 Die Tomate waschen, quer halbieren, mit einem
Teelöffel entkernen und sehr klein würfeln. Den
Staudensellerie putzen, waschen und in millimeter-
feine Würfelchen schneiden. Die Makrelenfilets von
der Haut lösen, das Fett abkratzen, die Filets fein zerpflücken. Alles mit Mayonnaise verrühren, salzen.

2 Aus den Salatgurken, wie auf Seite 6 beschrieben, 15 Schälchen formen. Diese mit dem Makrelen-
salat füllen und auf einer Platte anrichten. Die Petersilie waschen und trocken schütteln, 15 Blätter
abzupfen und die Gurkenhäppchen damit garnieren.

Chicoréeblätter mit Ingwer-Käsecreme

20 g kandierter Ingwer | 2 Frühlingszwiebeln | 200 g milder Schafkäse (z. B. Manouri) | 100 g Joghurt | je ½ TL gemahlener Kreuzkümmel und Koriander | Salz | Cayennepfeffer | 12 Chicoréeblätter | 2 EL Granatapfelkerne (nach Belieben; oder gehackte Walnüsse)

Für 12 Stück | ⌛ 20 Min. Zubereitung
Pro Stück ca. 50 kcal, 4 g EW, 3 g F, 2 g KH

1 Ingwer fein hacken. Die Frühlingszwiebeln putzen, waschen und fein schneiden. Den Schafkäse in eine Schüssel bröckeln. Joghurt, Frühlingszwiebeln und Ingwer unterrühren und mit Kreuzkümmel, Koriander, Salz und Cayennepfeffer würzen.

2 Die Chicoréeblätter waschen, trocken tupfen und auf einer Platte anrichten. Die Schafkäsecreme mit einem Teelöffel in die Blätter füllen. Nach Belieben die Granatapfelkerne auf Küchenpapier abtropfen lassen und die Chicoréeschiffchen damit garnieren.

Traubensalat mit Räucherentenbrust

je 250 g kernlose weiße und blaue Trauben | 250 g sehr kleine Cocktailtomaten | 2 EL Himbeeressig | 1 TL Dijon-Senf | Salz | Pfeffer | 3 EL Walnussöl | 1–2 Köpfchen Radicchio | ca. 100 g geräucherte Entenbrust (in Scheiben)

Für 12 Stück | ⌛ 25 Min. Zubereitung
Pro Stück ca. 60 kcal, 2 g EW, 4 g F, 4 g KH

1 Trauben und Tomaten waschen und halbieren. Essig, Senf und je 1 Prise Salz und Pfeffer verrühren und das Walnussöl unterschlagen. Trauben und Tomaten dazugeben und 10 Min. marinieren.

2 Vom Radicchio vorsichtig 12 kleine Blätter ablösen, waschen und trocken tupfen (den Rest anderweitig verwenden). Die Radicchioblätter in Schälchen anrichten. Kurz vor dem Servieren den Trauben-Tomaten-Salat in einem Sieb abtropfen lassen, die Blätter damit füllen und mit je 2 Scheiben geräucherter Entenbrust garnieren.

fruchtig & würzig

Schafkäse-Johannisbeer-Täschchen

Wenn Sie den Dreh erst mal raus haben, geht das Füllen und Falten der Täschchen ganz schnell und einfach, versprochen!

125 g Rote Johannisbeeren (frisch oder tiefgekühlt)
2 Stängel Minze
200 g milder Schafkäse (z. B. Manouri)
Pfeffer | Salz
3 EL Butter
5 rechteckige Filo-Teigblätter (ca. 400 g)
Backpapier für das Backblech

Für 20 Stück
⏲ 45 Min. Zubereitung | 25 Min. Backen
Pro Stück ca. 100 kcal, 3 g EW, 5 g F, 11 g KH

1 Für die Füllung die Johannisbeeren waschen, abtropfen lassen und von den Rispen zupfen oder auftauen lassen. Die Minze waschen und trocken schütteln, die Blätter fein schneiden. Den Schafkäse in eine Schüssel krümeln, kräftig pfeffern, salzen und die Minze unterrühren. Die Johannisbeeren vorsichtig untermengen.

2 Den Backofen auf 180° vorheizen. Das Backblech mit Backpapier auslegen. Die Butter schmelzen lassen und mit 2 EL lauwarmem Wasser vermischen.

3 Die Filo-Teigblätter mit der Küchenschere in 40 ca. 6 cm breite Streifen schneiden. Die Finger mit Wasser-Butter-Mischung befeuchten und die Teigstreifen damit betupfen. Je 2 Streifen aufeinanderlegen.

4 Jeweils auf das untere Ende 1 EL Füllung geben. Das Teigende diagonal so nach rechts über die Füllung zum Dreieck falten, dass es bündig mit dem rechten Rand des Teigstreifens abschließt (Bild 1). Dieses Dreieck nach oben auf den Teigstreifen klappen. Das neu entstandene Dreieck diagonal nach links falten, wieder nach oben bis zum Ende des Teigstreifens klappen. Auf diese Weise 20 Täschchen vorbereiten.

5 Die Täschchen mit der Naht nach unten auf das Blech legen (Bild 2). Mit der übrigen Butter-Wasser-Mischung einpinseln und im Backofen (Mitte, Umluft 160°) in 25 Min. goldbraun backen. Lauwarm oder abgekühlt servieren.

VARIANTE – SPINAT-MANDEL-TÄSCHCHEN
Für 20 Stück: 300 g TK-Blattspinat auftauen lassen. 2 EL Rosinen in 2 EL Sherry medium (oder Orangensaft) 20 Min. einweichen. 3 EL Mandelstifte in einer Pfanne ohne Fett goldbraun rösten. 2 Frühlingszwiebeln putzen, waschen und fein schneiden. Den Spinat gut ausdrücken und grob hacken, kräftig salzen und pfeffern. Die Rosinen ausdrücken. Mit den Mandelstiften und den Frühlingszwiebeln unter den Spinat mischen. Die Täschchen wie beschrieben füllen, falten und im heißen Backofen in 25 Min. goldbraun backen.

kräuterwürzig

Rosmarin-Schinken-Krapfen

60 g roher Schinken (in 2 dicken Scheiben)
2 Zweige Rosmarin
100 g Butter | ½ TL Salz
150 g Mehl | 4 Eier
2 EL frisch geriebener Parmesan
Backpapier für das Backblech

Für 36 Stück
◎ 40 Min. Zubereitung | 15 Min. Backen
Pro Stück ca. 50 kcal, 2 g EW, 4 g F, 3 g KH

1 Den Schinken millimeterfein würfeln. Rosmarin waschen und trocken schütteln, die Nadeln abstreifen und fein hacken. Den Backofen auf 200° vorheizen. Das Backblech mit Backpapier auslegen.

2 In einem Topf ¼ l Wasser mit der Butter aufkochen lassen, das Salz hinzufügen. Das Mehl auf einmal dazuschütten. Mit einem Kochlöffel bei mittlerer Hitze 2 Min. rühren, bis sich ein Teigkloß vom Topfboden löst. Den Kloß in eine Rührschüssel umfüllen. Nach und nach die Eier dazugeben und unterrühren, bis ein glänzender Teig entsteht. Schinken, Rosmarin und Parmesan unterrühren.

3 Mit zwei Teelöffeln 36 Häufchen mit etwas Abstand auf das Blech setzen. Im Backofen (Mitte, Umluft 180°) in 12–15 Min. goldbraun backen. Herausnehmen und auf dem Blech abkühlen lassen.

VEGGI-VARIANTE
Statt rohem Schinken, Rosmarin und Parmesan schmecken auch fein gewürfelte getrocknete Tomaten (in Öl), Thymian und geriebener Pecorino.

mit schmelzendem Kern

Birnen-Gorgonzola-Muffins

1 große reife Birne (ca. 250 g)
200 g Mehl | 1 TL Salz
1 TL Backpulver | 1 TL Natron
1 TL getrockneter Thymian
100 g Gorgonzola | 100 g Butter
200 g saure Sahne | 2 Eier

Für eine 24er-Mini-Muffins-Form (à 4,5 cm ⌀)
◎ 25 Min. Zubereitung | 15 Min. Backen
Pro Stück ca. 110 kcal, 3 g EW, 8 g F, 8 g KH

1 Die Birne waschen, schälen und ohne Kerngehäuse klein würfeln. Mehl, Salz, Backpulver, Natron und Thymian in einer Schüssel mischen. Den Gorgonzola in 24 kleine Würfel schneiden.

2 Backofen auf 180° vorheizen. Butter schmelzen lassen, die Vertiefungen der Muffinsform mit etwas Butter einpinseln. Den Rest mit saurer Sahne und den Eiern verquirlen. Die Eiermischung und Birnenwürfel schnell unter die Mehlmischung rühren.

3 Je 1 gehäuften TL Teig in jede Vertiefung geben, 1 Gorgonzolawürfel in die Mitte setzen, mit 1 weiteren TL Teig bedecken. Im Backofen (Mitte, Umluft 160°) 15 Min. backen. Herausnehmen und 5 Min. in der Form abkühlen lassen. Die Minimuffins herauslösen und auf einem Kuchengitter abkühlen lassen.

VORBEREITUNGS-TIPP
Wenn Sie eine kleine Mini-Muffins-Form mit nur 12 Vertiefungen haben, den Teig in zwei Portionen vorbereiten. Wenn er zu lange steht (oder zu lange gerührt wird), werden die Muffins zäh.

links: Birnen-Gorgonzola-Muffins | rechts: Rosmarin-Schinken-Krapfen

raffiniert

Kastanien-Quiches mit Zucchini

Das Kastanienmehl verleiht den Mini-Quiches ein feines nussiges Aroma, das wunderbar mit den Zucchini harmoniert.

Für den Teig:

120 g Weizenmehl

100 g Kastanienmehl (Bioladen)

1 Ei | 1 Eigelb

Salz | 100 g kalte Butter

Mehl für die Arbeitsfläche

etwas Butter und Mehl für die Formen

Für den Belag:

600 kleine Zucchini | Salz

2 Eier | 150 g Crème fraîche

Cayennepfeffer

3 Zweige Rosmarin | Pfeffer

Für 8 Tortelett-Förmchen (à 10 cm ⌀)

◎ 45 Min. Zubereitung | 1 Std. Ruhen

25 Min. Backen

Pro Stück ca. 370 kcal, 10 g EW, 23 g F, 32 g KH

1 Für den Teig die beiden Mehlsorten auf eine Arbeitsfläche sieben und in die Mitte eine Mulde drücken. Ei, Eigelb und 1 Prise Salz hinzufügen. Die Butter in Würfelchen schneiden, dazugeben und alles schnell zu einem festen Teig verkneten. In Klarsichtfolie wickeln und ca. 1 Std. im Kühlschrank ruhen lassen.

2 Inzwischen die Zucchini waschen, putzen und auf dem Gemüsehobel in Scheiben hobeln. 3 l Wasser in einem Topf erhitzen, 2 EL Salz hinzufügen und die Zucchini in dem stark gesalzenen Wasser 3 Min. blanchieren. In ein Sieb abgießen und abtropfen lassen, dann auf einem Küchentuch ausbreiten,

abkühlen und trocknen lassen. Die Eier und Crème fraîche in einen Messbecher mit Ausgießer geben und verquirlen. Mit Salz und Cayennepfeffer würzen.

3 Die Tortelett-Förmchen mit Butter einfetten und mit Mehl ausstäuben. Den Teig auf einer bemehlten Arbeitsfläche ausrollen, mit den Förmchen Kreise ausstechen und diese in die Förmchen drücken. Mehrfach mit einer Gabel einstechen.

4 Den Backofen auf 180° vorheizen. Den Rosmarin waschen und trocken schütteln, die Nadeln abstreifen, fein hacken und auf dem Teig verteilen. Die Förmchen auf ein Blech stellen. Zucchini in die Förmchen füllen, kräftig pfeffern und die Eiercreme gleichmäßig darübergießen. Im Backofen (Mitte, Umluft 160°) 25 Min. backen. Herausnehmen und lauwarm abkühlen lassen. Aus den Förmchen lösen und auf einer Platte anrichten.

VARIANTE – MANDEL-LAUCH-QUICHE

Für 8 Stück: Aus 160 g Weizenmehl, 60 g gemahlenen Mandeln, 1 Ei und 1 Eigelb, Salz und 100 g kalter Butter wie beschrieben einen Teig zubereiten. 600 g Lauch putzen, in Ringe schneiden, waschen und abtropfen lassen. 2 EL Butter in einer großen Pfanne schmelzen lassen, den Lauch darin 3–4 Min. dünsten, salzen und pfeffern. In einem Sieb abtropfen lassen. Den Teig ausrollen, Kreise ausstechen und in die Förmchen drücken. Lauch darauf verteilen, 80 g Gorgonzola in Stückchen und 50 g gehackte Mandeln darüberstreuen. Mit der Eiercreme begießen und wie beschrieben backen.

Zwiebelküchlein mit Speck

Mit Fertigteigen aus der Tiefkühltruhe und dem Kühlregal lassen sich ruck, zuck pikante warme Snacks für Ihre nächste Party zaubern.

450 g TK-Hefeteig | 3 rote Zwiebeln (ca. 400 g) | 50 g durchwachsener Speck | 1 EL neutrales Pflanzenöl | 3 Zweige Thymian | Salz | Pfeffer | 150 g saure Sahne | 75 g Ziegenfrischkäse | 1 Ei | 3 EL Tapenade (Rezept S. 32 oder aus dem Glas) | Mehl für die Arbeitsfläche | runde Ausstechform (9 cm ∅)

Für eine 12er-Mini-Quiches-Form (à 7 cm ∅)
🕐 45 Min. Zubereitung | 15 Min. Backen
Pro Stück ca. 180 kcal, 6 g EW, 9 g F, 19 g KH

1 Hefeteig auftauen lassen. Zwiebeln schälen und in Ringe schneiden. Den Speck fein würfeln. Öl und Speck in einer Pfanne erhitzen, Zwiebeln dazugeben und bei mittlerer Hitze 4–5 Min. unter Rühren braten. Thymian waschen und trocken schütteln, die Blättchen abstreifen und dazugeben. Mit Salz und Pfeffer würzen. Die Mischung abkühlen lassen.

2 Den Backofen auf 200° vorheizen. Den Hefeteig durchkneten und auf einer bemehlten Arbeitsfläche ausrollen. Mit einer Ausstechform 12 Kreise von 9 cm ∅ ausstechen, den Teig in die Förmchen drücken und mit einer Gabel mehrfach einstechen. Zugedeckt 10 Min. an einem warmen Ort gehen lassen.

3 Inzwischen die saure Sahne mit Ziegenfrischkäse und Ei verrühren. Jeweils etwas Tapenade auf dem Teigboden verstreichen. Die Zwiebel-Speck-Mischung daraufgeben und die Ziegenfrischkäsemischung darübergießen. Im Backofen (Mitte, Umluft 180°) 15 Min. backen. Warm oder kalt servieren.

TIPP
Wenn Sie keine Mini-Quiches-Form haben, bereiten Sie einen großen Kuchen in einer Springform von 28 cm ∅ zu. Die Backzeit beträgt dann 45 Min. Schneiden Sie zum Servieren den abgekühlten Kuchen in Stücke.

vegetarisch

Kürbisküchlein

450 g TK-Blätterteig (6 rechteckige Scheiben) |
350 g Hokkaido-Kürbisfleisch (geputzt gewogen) |
1 Zwiebel | 1 Knoblauchzehe | 6 getrocknete To-
maten (in Öl) | 2 EL Pflanzenöl | 1 EL getrocknete
Kräuter der Provence | Salz | Pfeffer | 1 Ei | 150 g
Crème fraîche | runde Ausstechform (9 cm ⌀)

Für eine 12er-Mini-Quiches-Form (à 7 cm ⌀)
⏱ 40 Min. Zubereitung | 15 Min. Backen
Pro Stück ca. 225 kcal, 3 g EW, 17 g F, 14 g KH

1 Blätterteig auftauen lassen. Kürbisfleisch klein
würfeln. Zwiebel und Knoblauch schälen, hacken.
Tomaten abtropfen lassen, fein hacken. Öl erhitzen,
Zwiebel, Knoblauch, Kürbis und Tomaten darin
3–4 Min. braten. Mit Kräutern der Provence, Salz
und Pfeffer würzen. Ei und Crème fraîche verrühren.

2 Ofen auf 200° vorheizen. Aus dem Teig 12 Kreise
ausstechen, in die Form drücken, mehrmals einstechen. Kürbismasse einfüllen, Eicreme darübergießen. Im Ofen (Mitte, keine Umluft) 15 Min. backen.

warm am besten

Thunfisch-Pizzette

1 Packung Pizzateig (aus dem Kühlregal; 400 g) |
100 g Tomatenpüree »Oregano« (Tetrapak) |
6 Artischocken (aus dem Glas) | 2 Dosen Thun-
fisch (in Öl; à 140 g Abtropfgewicht) | Pfeffer |
1 Schale Mini-Mozzarellakugeln (150 g) |
4 EL Olivenöl | runde Ausstechform (9 cm ⌀)

Für eine 12er-Mini-Quiches-Form (à 7 cm ⌀)
⏱ 35 Min. Zubereitung | 12 Min. Backen
Pro Stück ca. 205 kcal, 11 g EW, 11 g F, 16 g KH

1 Ofen auf 220° vorheizen. Teig auf einer Arbeitsfläche ausbreiten, 12 Kreise von 9 cm ⌀ ausstechen und in die Vertiefungen der Form drücken.

2 Mit je ½ EL Tomatenpüree bestreichen. Artischo-
cken abtropfen lassen, in Spalten schneiden und
darauflegen. Thunfisch abtropfen lassen, darauf
verteilen. Alles kräftig pfeffern. Mozzarella abtropfen lassen, in Scheiben schneiden und auf dem
Thunfisch verteilen. Mit je 1 TL Öl beträufeln. Im
Backofen (Mitte, Umluft 200°) 10–12 Min. backen.

ganz einfach

Erdbeer-Kiwi-Sandwiches

120 g Frischkäse
1 EL Puderzucker
1 TL frisch gepresster Zitronensaft
je 1 EL Zitronat und Orangeat
200 g reife Erdbeeren
2 kleine Kiwis
12 Scheiben Honigkuchen (fertiges Kasten-gebäck oder Rosinenstuten; ca. 200 g)
12 Partyspießchen

Für 12 Stück | ◎ 25 Min. Zubereitung
Pro Stück ca. 90 kcal, 2 g EW, 3 g F, 14 g KH

1 Den Frischkäse mit dem Puderzucker und dem Zitronensaft verrühren. Zitronat und Orangeat sehr fein hacken oder wiegen und unterrühren.

2 Die Erdbeeren waschen, putzen, auf Küchen-papier abtropfen lassen und in ca. 2 mm dünne Scheiben schneiden. Die Kiwis schälen und eben-falls in dünne Scheiben schneiden.

3 Die Honigkuchenscheiben mit der Frischkäse-creme bestreichen und diagonal teilen. 12 Kuchen-dreiecke mit den Obstscheiben dachziegelartig belegen, sodass es an den Seiten dekorativ heraus-lugt. Mit den übrigen Dreiecken abdecken, etwas andrücken und mit Spießchen fixieren.

AUSTAUSCH-TIPP
Wer kein Freund von Zitronat und Orangeat ist, rührt 1 TL abgeriebene Schale von 1 Bio-Orange und 1 EL in Streifen geschnittene Zitronenmelisseblätter unter die Frischkäsecreme. Statt Erdbeeren und Kiwis schmecken auch Birnen- oder Mangospalten.

portugiesisch inspiriert

Vanille-Himbeer-Törtchen

Für den Teig:
150 g Mehl | 50 g Puderzucker
1 Msp. Salz | 2 Eigelb | 50 g kalte Butter
Butter und Mehl für die Form
Mehl für die Arbeitsfläche
runde Ausstechform (6 cm ∅)
Für die Füllung:
1 Ei | 1 Eigelb | 2 EL Zucker
2 Vanilleschoten | 50 g Sahne
120 g Himbeeren (frisch oder tiefgekühlt)
Puderzucker zum Bestäuben

Für eine 12er-Mini-Muffins-Form (à 4,5 cm ∅)
◎ 30 Min. Zubereitung | 1 Std. 10 Min. Kühlen
15 Min. Backen
Pro Stück ca. 150 kcal, 3 g EW, 7 g F, 19 g KH

1 Die Form einfetten, mit Mehl bestreuen. Mehl, Puderzucker und Salz mischen. Mit Eigelben und Butter in kleinen Würfeln verkneten. In Klarsichtfo-lie gewickelt ca. 1 Std. kalt stellen.

2 Teig auf einer bemehlten Arbeitsfläche ausrol-len. 12 Kreise von 6 cm ∅ ausstechen, in die Form drücken, mehrfach einstechen. Form 10 Min. ins Tiefkühlfach stellen. Ofen auf 180° vorheizen. Tört-chen im Ofen (Mitte, Umluft 160°) 5 Min. backen.

3 Ei, Eigelb und Zucker verrühren. Vanilleschoten aufschneiden, Mark herauskratzen. Mit Sahne unter die Eiermasse rühren. Form herausnehmen. Creme auf die Törtchen gießen, in 8–10 Min. fertig backen. Herausnehmen, abkühlen lassen. Himbeeren verle-sen (oder auftauen lassen), auf den Törtchen ver-teilen, beliebig mit Puderzucker bestreuen.

oben: Erdbeer-Kiwi-Sandwiches | unten: Vanille-Himbeer-Törtchen

süßer Abschluss

Preiselbeer-Windbeutelchen mit Nugatsauce

Die leicht säuerliche Preiselbeersahne ergänzt sich mit der Nugatsauce zu einem perfekten Genuss.

Für die Windbeutelchen:

100 g Butter
½ TL Salz
150 g Mehl
4 Eier
Backpapier für das Backblech

Für die Füllung:

5 EL kleine Wildpreiselbeeren (aus dem Glas)
450 g Sahne
1 Päckchen Vanillezucker
2 Päckchen Sahnesteif

Für die Nugatsauce:

125 g Nugat (Backregal im Supermarkt)
150 g Sahne
2 EL Kirschwasser (nach Belieben)

Außerdem:

Spritzbeutel
Puderzucker zum Bestäuben

Für 40 Stück
⊙ 1 Std. 10 Min. Zubereitung | 15 Min. Backen
Pro Stück ca. 110 kcal, 2 g EW, 8 g F, 7 g KH

1 Den Backofen auf 200° vorheizen. Das Backblech mit Backpapier auslegen. In einem Topf ¼ l Wasser mit der Butter aufkochen lassen, das Salz hinzufügen. Das Mehl auf einmal dazuschütten. Mit einem Kochlöffel bei mittlerer Hitze 2 Min. rühren, bis sich ein Teigkloß vom Topfboden löst. Den Kloß in eine Rührschüssel umfüllen. Nach und nach die Eier dazugeben und unterrühren, bis ein glänzender Teig entsteht.

2 Den Teig in einen Spritzbeutel mit Lochtülle füllen und damit 40 knapp walnussgroße Teighäufchen auf das Blech spritzen. Im Backofen (Mitte, Umluft 180°) in 15–20 Min. goldbraun backen. Herausnehmen, quer aufschneiden und vollständig auskühlen lassen.

3 Für die Füllung die Preiselbeeren in einem Sieb abtropfen lassen. Sahne mit Vanillezucker und Sahnesteif steif schlagen, die Preiselbeeren unterziehen. Die Preiselbeersahne in einen Spritzbeutel mit Sterntülle füllen und in die unteren Windbeutelhälften spritzen, die oberen Hälften daraufsetzen. Auf einer Platte anrichten und ein wenig Puderzucker darüberstäuben.

4 Für die Sauce Nugat und Sahne in einem Topf bei schwacher Hitze unter Rühren schmelzen lassen. Nach Belieben das Kirschwasser unterrühren. Die Sauce in eine Sauciere füllen und zu den Windbeutelchen servieren.

SCHNELLE VARIANTE

Keine Zeit, die Windbeutelchen selber zu machen? Dann kaufen Sie mit Sahne gefüllte TK-Profiteroles. 1 Std. vor dem Servieren 200 g dunkle Kuvertüre schmelzen lassen, die Profiteroles unaufgetaut hineintauchen und zu einem Turm aufschichten.

Zum Gebrauch

Damit Sie Rezepte mit bestimmten Zutaten noch schneller finden können, stehen in diesem Register zusätzlich auch beliebte Zutaten wie **Filoteig** und **Ricotta** – ebenfalls alphabetisch geordnet und **hervorgehoben** – über den entsprechenden Rezepten.

Unsere Garantie

Alle Informationen in diesem Ratgeber sind sorgfältig und gewissenhaft geprüft. Sollte dennoch einmal ein Fehler enthalten sein, schicken Sie uns das Buch mit dem entsprechenden Hinweis an unseren Leserservice zurück. Wir tauschen Ihnen den GU-Ratgeber gegen einen anderen zum gleichen oder ähnlichen Thema um.

Liebe Leserin und lieber Leser,

wir freuen uns, dass Sie sich für ein GU-Buch entschieden haben. Mit Ihrem Kauf setzen Sie auf die Qualität, Kompetenz und Aktualität unserer Ratgeber. Dafür sagen wir Danke! Wir wollen als führender Ratgeberverlag noch besser werden. Daher ist uns Ihre Meinung wichtig. Bitte senden Sie uns Ihre Anregungen, Ihre Kritik oder Ihr Lob zu unseren Büchern.
Haben Sie Fragen oder benötigen Sie weiteren Rat zum Thema? Wir freuen uns auf Ihre Nachricht!

Wir sind für Sie da!
Montag–Donnerstag:
8.00–18.00 Uhr;
Freitag: 8.00–16.00 Uhr
Tel.: 08 00/7 23 73 33
Fax: 08 00/5 01 20 54
(kostenlose Servicenummern)
E-Mail:
leserservice@graefe-und-unzer.de

P.S.: Wollen Sie noch mehr Aktuelles von GU wissen, dann abonnieren Sie doch unseren kostenlosen GU-Online-Newsletter und/oder unsere kostenlosen Kundenmagazine.

GRÄFE UND UNZER VERLAG
Leserservice
Postfach 86 03 13
81630 München

© 2009
GRÄFE UND UNZER VERLAG GmbH, München

Projektleitung: Stefanie Hoyer
Lektorat: Maryna Zimdars
Korrektorat: Mischa Gallé
Layout, Typografie und Umschlaggestaltung: independent Medien-Design, Horst Moser, München
Satz: Liebl Satz+Grafik, Emmering
Herstellung: Petra Roth
Reproduktion: Wahl Media GmbH
Druck und Bindung: Firmengruppe APPL, aprinta druck, Wemding

Syndication:
www.jalag-syndication.de

ISBN 978-3-8338-1629-1

7. Auflage 2013

Umwelthinweis:
Dieses Buch ist auf PEFC-zertifiziertem Papier aus nachhaltiger Waldwirtschaft gedruckt.

 www.facebook.com/gu.verlag

GRÄFE
UND
UNZER

Ein Unternehmen der
GANSKE VERLAGSGRUPPE

Die Autorin

Margit Proebst studierte Kunstgeschichte und Philosophie, daneben betrieb sie über viele Jahre einen kleinen Catering-Service. Seit 1999 arbeitet die passionierte Köchin als Kochbuchautorin und Foodstylistin in München. Ihre Liebe zur Kunst und zu gutem Essen führt sie regelmäßig auf Reisen. In Italien, Frankreich und Spanien ließ sie sich für die Rezepte dieses Buches inspirieren, mit denen sie gerne ihre Gäste verwöhnt.

Die Fotografinnen

Ulrike Schmid und **Sabine Mader** arbeiten seit Jahren als eingespieltes Team in ihrem Fotostudio **Fotos mit Geschmack** (www.fotos-mitgeschmack.de). Inspiration finden sie auf ihren Reisen, immer auf der Suche nach ausgefallenen Requisiten. Unterstützt wurden sie dabei von Margit Proebst (Foodstyling) und Laura Schmid (Handmodell).

Bildnachweis

Titelbild: Jörn Rynio, Hanburg; alle anderen Fotos: Fotos mit Geschmack, Alling

Titelbildrezept

Kürbiscremesuppe mit Entenspießchen, Seite 26
Garnelentürmchen, Seite 14

Die Temperaturangaben bei Gasherden variieren von Hersteller zu Hersteller. Welche Stufe Ihres Herdes der jeweils angegebenen Temperatur entspricht, entnehmen Sie bitte der Gebrauchsanweisung. Bei Elektroherden können die Backzeiten je nach Herd variieren.

Appetit auf mehr?

Schnelle Dips

Avocado-Champignon-Dip

Orientalischer Quarkdip

Paprika-Walnuss-Dip

Avocado-Champignon-Dip

2 reife Avocados halbieren, die Kerne entfernen und das Fruchtfleisch mit einem Löffel herauslösen und in den Mixer oder in ein hohes Aufschlaggefäß geben. Den Saft von 1 Limette auspressen. 1 Knoblauchzehe schälen. Beides dazugeben und alles im Mixer (oder in einem hohen Aufschlaggefäß mit dem Pürierstab) fein pürieren. Mit Salz, Cayennepfeffer, 1 Prise Zucker und eventuell weiterem Limettensaft würzig abschmecken. 120 g kleine, sehr frische Champignons (mit rosafarbenen Lamellen) putzen, in feine Scheiben schneiden oder hobeln und unterrühren. Der Dip passt besonders gut zu Tortillachips.

Orientalischer Quarkdip

250 g Magerquark mit 150 g Crème fraîche und 2 EL Tahina (Sesampaste, aus dem Orient- oder Bioladen) verrühren. 100 g Schafkäse (Feta) dazukrümeln. 1 Knoblauchzehe schälen und dazupressen. Mit 1 TL gemahlenem Kreuzkümmel, 1/2 TL gemahlenem Koriander und je 1/4 TL Salz und Cayennepfeffer würzen. In eine Schüssel füllen und nach Belieben mit 1 EL Granatapfelkernen bestreu-

en. Für eine **mediterrane Variante** Quark und Crème fraîche mit 4 EL Basilikumpesto (aus dem Glas) verrühren. 1 Knoblauchzehe schälen und dazupressen. Mit Salz und Pfeffer würzig abschmecken. 1 EL Pinienkerne in einer Pfanne ohne Fett rösten und über den Dip streuen. Beide Dips schmecken toll zu Gemüsesticks (z. B. Möhre, Salatgurke, Staudensellerie) und zu Grissini.

Paprika-Walnuss-Dip

425 g gegrillte, in Öl eingelegte Paprikaschoten (aus dem Glas) gut abtropfen lassen. 1 Knoblauchzehe schälen. Beides mit 150 g Walnusskernen in den Mixer oder in ein hohes Aufschlaggefäß geben. 2 EL Olivenöl, 2 EL frisch gepresster Zitronensaft und 1 TL Harissa (Chilipaste aus der Tube) dazugeben. 4 Scheiben Zwieback (oder 2 Scheiben entrindetes Weißbrot) dazubröseln. Alles im Mixer (oder in einem hohen Aufschlaggefäß mit dem Pürierstab) fein pürieren. Mit Salz und eventuell weiterem Harissa abschmecken. In eine Schüssel füllen und mit 5–6 Walnusshälften garnieren. Der Dip passt gut zu Brotchips und Chicoréeblättern.